EL
SACERDOTE
CATÓLICO

Padre Michael Muller,
C.SS.R.

SENSUS FIDELIUM PRESS

CONTENTS

1

INTRODUCTORIA

C UANDO nuestro querido Salvador Jesucristo vivía en la tierra, fue acusado de los peores crímenes. Fue acusado por los sumos sacerdotes y los doctores de la ley, a quienes correspondía pronunciar quién era el Mesías. Fue acusado ante un juez idólatra, en presencia de todo el pueblo. Se le trató de blasfemo, de poseído por el demonio, de amante del vino, de destructor del Templo, de seductor del pueblo, de rebelde, de sedicioso, que se daba a sí mismo el título de rey, que prohibía el pago de tributos al César y que deseaba destruir la nación judía. Si alguna vez la calumnia infame fue llevada al exceso, fue sin duda con respecto a nuestro divino Salvador Jesucristo, "que no conoció pecado", que nunca pronunció una palabra engañosa, que "todo lo hizo bien", y que "pasó su vida haciendo el bien y curando toda clase de enfermedades".

Ahora Jesucristo sigue viviendo en la jerarquía de la Iglesia católica, el Papa, los obispos y los sacerdotes. Él ha hecho una predicción a Sus Apóstoles y a sus sucesores, que se ha cumplido en todas las épocas, y que se verificará hasta el fin del mundo. Les dijo: "El siervo no es mayor que su señor; si a mí me han perseguido, también a vosotros os perseguirán". (Juan xv. 20.) Esta predicción de nuestro Señor Jesucristo se ha verificado especialmente en nuestro propio siglo. Ved cómo han tratado y siguen tratando los enemigos de Jesucristo a nuestro santo padre Pío IX; ved cómo masacraron a sangre fría al arzobispo de París y a muchos de sus clérigos. ¡El Papa! ¡El Papa! ¡El Sacerdote, yo, el Sacerdote! Este ha sido siempre el grito de todos los malvados, ¿y qué fantasías no ha conjurado? Algunos, cuando sólo oyen la palabra "Papa" o "Sacerdote", levantan los ojos horrorizados y retroceden como si se hubieran encontrado de repente con un genio maligno. Otros, con sólo oír la palabra "Papa" o "Sacerdote", se vuelven tan rabiosos como un perro enfermo de hidrofobia cuando ve agua. Rechinan los dientes, echan espuma por la boca, tiemblan de rabia y parece como si fueran a despedazar a todos los papas y sacerdotes que han existido desde Pedro hasta nuestros días.

Otros sacuden la cabeza con aire de majestad, como si dijeran: "¿Cómo superar al Papa por encima de la jerarquía de la Iglesia católica?". Como un estigma divino, el odio del mundo está impreso en la frente del Papa, de los obispos y de los sacerdotes de la Iglesia. El espíritu del mundo, el espíritu de la falsedad y de la negación, odia al Papa, el Vicario de Cristo; odia a todos los verdaderos ministros de nuestro Señor, los obispos y sacerdotes católicos, con un odio demoníaco. ¿Por qué? Porque ellos son el paladio de la verdad y de la moral pública y privada, la raíz y el vínculo de la caridad y de la fe.

El espíritu del mundo odia al Papa, odia a los obispos y sacerdotes de la Iglesia católica, porque aman la justicia y odian la iniquidad. Pero precisamente por eso permanecerán para siempre; porque siendo la verdad y la justicia, al final, siempre victoriosas, el Papa, junto con los obispos y sacerdotes católicos, no cesarán de bendecir y de triunfar. Todas las obras de la tierra han perecido; el tiempo las ha borrado. La jerarquía de la Iglesia católica permanece, porque la Iglesia permanece, y perdurará hasta que la Iglesia pase de su exilio terrenal a su patria en el cielo.

Teorías y sistemas humanos han revoloteado en su camino como pájaros de la noche, pero se han desvanecido; innumerables sectas, como tantas olas, se han estrellado contra esta roca, o, retrocediendo, se han perdido en el vasto océano del olvido. Los reinos e imperios que una vez existieron con inimitable grandeza mundana ya no existen; las dinastías se han extinguido y han sido reemplazadas por otras.

Tronos, cetros y coronas han resistido a la jerarquía de la Iglesia; pero, inmutable, como Dios, que puso sus cimientos, es el centro firme e inconmovible en torno al cual se mueven el bien y el mal de las naciones, bien si se adhieren a ella, mal si se separan de ella. Si el mundo quita al Papa, a los obispos y a los sacerdotes de la Iglesia católica la cruz de oro, ellos bendecirán al mundo con una de madera. Si es necesario, los papas, obispos y sacerdotes pueden sufrir y morir por el bienestar del mundo, como Jesús sufrió y murió. La jerarquía de la Iglesia Católica es inmortal.

No podemos sino sonreír cuando oímos a los hombres hablar de la caída de esta jerarquía. ¿Qué podrían hacer el infierno y sus agentes más de lo que ya han hecho para su destrucción? Han empleado torturas para el cuerpo, pero no han podido alcanzar el espíritu; han intentado la herejía, o la negación de la verdad revelada, hasta tal punto que no podemos ver espacio para ninguna nueva herejía; han, por la mano del cisma, arrancado países enteros de la unidad de la Iglesia; pero lo que perdió en un lado del globo, lo ganó diez veces en el otro. Todos ellos han fracasado ignominiosamente en verificar las profecías del infierno, de que "la jerarquía de la Iglesia caerá".

Mirad, por ejemplo, el tremendo esfuerzo de la llamada gloriosa Reforma, junto con su hermana gemela la incredulidad del siglo XIX. Legiones enteras de reformadores de la Iglesia, junto con ejércitos de filósofos armados con la negación, y mil y un sistemas de paganismo, se abalanzaron contra la cátedra de Pedro, y juraron que el papado caería, y con él toda la jerarquía de la Iglesia. Han pasado trescientos años y la jerarquía de la Iglesia católica sigue viva y, según todas las apariencias, más vigorosa que nunca. Las naciones han demostrado que pueden arreglárselas muy bien sin reformadores, pero no sin el Papa, los obispos y los sacerdotes de la Iglesia católica. Los hombres son lo suficientemente tontos como para soñar con la destrucción del papado.

Napoleón intentó el juego y, desde la cima de su imperio, caminó hacia el exilio, mientras que su víctima, Pío VII, abandonando su prisión, entró triunfante en Roma. Un gran estadista de Francia decía, no hace mucho, que los que intentaban tragarse el papado, y con él toda la jerarquía de la Iglesia, morían siempre de indigestión. Que tengan cuidado los enemigos del Papa y de los obispos y sacerdotes católicos: si estrellan sus cabezas contra la roca, no deben asombrarse de encontrarlas rotas.

Toda la jerarquía de la Iglesia católica es un hecho grandioso en la historia, un hecho tan grande que no habría historia sin él, un hecho permanente, que se repite perpetuamente, que entra en las preocupaciones de todas las naciones sobre la faz de la tierra, que aparece una y otra vez en los registros del tiempo, y que beneficia, percibido o no percibido, directa o indirectamente, social, moral y sobrenaturalmente, a cada individuo que forma parte del gran organismo de la sociedad humana.

Alrededor de esta jerarquía la sociedad humana se mueve como una rueda alrededor de su eje; de esta jerarquía la sociedad depende para su sostén, su vida, su energía, como el sistema planetario del sol. Esta afirmación, querido lector, espero hacerla buena mostrándote en esta pequeña obra que el Papa, los obispos y los sacerdotes son "la luz del mundo, la sal de la tierra, los mediadores entre Dios y los hombres, y los mejores padres y amigos del pueblo."

2

ELLOS SON "LA LUZ DEL MUNDO"

L A IGNORANCIA DE LA MENTE Y LA DEPRAVACIÓN DE LA VOLUNTAD son las grandes raíces de todos los males que acucian a la sociedad y hacen infeliz al hombre. El que quiera civilizar el mundo y contribuir así a la ejecución de los designios de la Providencia de Dios, debe, pues, extirpar estas dos grandes raíces del mal, transmitiendo infaliblemente a la mente la luz de la verdad y estableciendo con autoridad para la voluntad los principios inmutables de la moral. Si la jerarquía de la Iglesia católica ha cumplido en la sociedad esta doble tarea, entonces se ha hecho digna de las alabanzas de todos los hombres, y merece ser llamada el hecho más grande, el más asombroso, el más divino de la historia del mundo entonces la jerarquía de la Iglesia católica es verdaderamente "la luz del mundo y la sal de la tierra." Mirad el mundo antes del cristianismo. En todas partes reinaba la más grosera ignorancia e inmoralidad. El verdadero Dios apenas era conocido, salvo en un solo rincón de la tierra, es decir, sólo en Judea; e incluso allí, ¡cuán pocos lo amaban! En cuanto al resto del mundo, algunos adoraban al sol, otros a los brutos, otros a las mismas piedras, y otros a criaturas aún más viles; es más, muchos incluso adoraban a los mismos demonios como dioses. Por todas partes reinaba la noche del pecado que ciega a las almas y les oculta la visión del miserable estado en que viven como enemigos de Dios y condenados al infierno. Los vicios más degradantes eran ensalzados incluso como virtudes. El mundo clamaba por luz. Los hombres ya no podían ver su camino. "¿Por qué estamos aquí? ¿Quién nos hizo? ¿Hacia dónde vamos? ¿De dónde vienen los males del mundo? ¿Por qué tenemos sed de inmortalidad? ¿Por qué nada en la tierra nos satisface? ¿Por qué nuestro anhelo de felicidad perpetua?". Tales eran las preguntas que resonaban por doquier, en las escuelas de filosofía, en el foro, en el mercado, en el templo, junto al fuego. Nadie podía responder; y, sin embargo, la felicidad social, doméstica y religiosa del mundo estaba en juego en estas cuestiones entonces como lo está ahora. ¿Qué remedio podía aplicarse para curar males tan inveterados de la mente y la voluntad? Los filósofos, poetas y oradores paganos habían hecho todo lo posible por elevar a la humanidad; pero lo habían intentado en vano. Entonces "la luz brilló en las tinieblas"; y Jesucristo fue esta luz, por su divina doctrina y ejemplo. San Pedro y los demás Apóstoles y sus sucesores, los obispos y sacerdotes católicos romanos, se convirtieron en los portadores de esta luz. Hace más de mil quinientos años colgaba en las Catacumbas de Roma una lámpara en forma de barco, en cuyo timón estaba sentado San Pedro, dirigiendo con una mano y con la otra dando su bendición. En una de las caras de este barco en miniatura estaban grabadas las palabras: "Pedro no muere", y en la otra las palabras de nuestro querido Salvador: "Yo he rogado por ti". (Lucas xxii. 32.)

No puede haber un símbolo más bello del papado y de la jerarquía de la Iglesia católica. Esta jerarquía es una lámpara que ilumina todas las tinieblas y nos proporciona la luz brillante de la verdad; la Iglesia es un barco que lleva esta luz con seguridad a través de las tormentas de los siglos hasta los confines de la tierra, llevando consigo bendiciones a las naciones, y recogiendo en su red apostólica, a medida que navega, a los hijos perecederos de los hombres. Y en el timón se sienta el pobre pescador de Galilea, el Papa, junto con sus ayudantes los obispos y sacerdotes católicos que dirigen el curso del barco, ahora a este, ahora a aquel país afligido, ahora a este, ahora a aquel pueblo afligido, para llevarles no oro, no plata, sino lo que es infinitamente más precioso Fe; y con la fe, la verdadera civilización, basada en los principios inmutables de la moralidad sobrenatural, la verdadera prosperidad, la verdadera felicidad, y la paz en la tierra y por la eternidad. Hace mil ochocientos cuarenta y tantos años, un pobre vagabundo vestido con ropas mezquinas fue a la Capital del mundo, la rica y magnífica ciudad de Roma. Atraviesa sus puertas y se abre paso sin ser observado por sus populosas calles. Por todas partes contempla espléndidos palacios erigidos a expensas de nacionalidades oprimidas; contempla majestuosos templos dedicados a tantos dioses falsos como naciones se congregaban en Roma; contempla baños públicos y anfiteatros dedicados al placer y a la crueldad; contempla estatuas, monumentos y arcos triunfales erigidos a la memoria de tiranos sedientos de sangre.

Pasa junto a guerreros y senadores, mendigos y lisiados, mujeres afeminadas y disolutas, gladiadores y esclavos, mercaderes y estadistas, oradores y filósofos, todas las clases, todos los rangos, todas las condiciones de hombres de todas las lenguas y colores bajo el sol. En todas partes ve una enloquecedora carrera por el placer, en todas partes la impresión del lujo, en todas partes el pleno crecimiento del crimen, codo con codo con el sufrimiento indescriptible, la crueldad diabólica y la barbarie. Y este pobre vagabundo, miserablemente vestido, era San Pedro. ¡Oh! cómo debió sangrar el noble corazón del pobre pescador de Galilea cuando observó el imperio de Satanás tan supremo, cuando presenció el escandaloso libertinaje del templo y de la casa, cuando vio la temible degradación de la mujer gimiendo bajo la carga de su propia infamia, cuando vio la desgarradora inhumanidad que mataba a los bebés inocentes y los arrojaba al Tíber, cuando vio cómo los prisioneros de guerra, los esclavos, los soldados, eran entrenados para luchas sangrientas, y entraban en la arena del anfiteatro y se esforzaban durante días enteros por estrangularse unos a otros, para entretenimiento especial del pueblo romano. Aquí, pues, iba a ser el escenario de sus trabajos: en esta masa inmunda, en esta carcasa de una sociedad podrida, San Pedro había venido a infundir una nueva vida, a poner los cimientos de una nueva Roma, una Roma que, en lugar del paganismo y la depravación, llevaría la verdad y la bendición de las virtudes cristianas hasta los confines de la tierra. Cuando Pedro, el primer Papa, llegó a Roma, esa ciudad era la condensación de toda la idolatría, toda la opresión, toda la injusticia, todas las inmoralidades, del mundo; porque el mundo estaba centrado en Roma. De ahí que la obra de Pedro fuera el tipo de lo que sus sucesores y sus compañeros de trabajo en la viña del Señor, los obispos y sacerdotes católicos, harían por el mundo. Pedro puso su mano en el arado y nunca miró atrás. Durante veinticinco años luchó y consiguió establecer, en medio mismo de este centro de todos los excesos de los que la mente y el corazón humanos podían ser culpables, una congregación de cristianos a los que San Pablo podía dirigir una epístola y afirmar en ella que la lejana fama de su fe se había extendido ya por todo el mundo. "Doy gracias a mi Dios por Jesucristo por todos vosotros, porque se habla de vuestra fe en todo el mundo". (Rom. i. 8, xvi. 19.)

Los cimientos de un nuevo mundo habían sido puestos por el primer Papa y cimentados por su propia sangre. Desde entonces, los Papas se han sucedido a pesar de la persecución y la muerte, a pesar de la oposición de la filosofía pagana y de la intriga pagana, del odio pagano y de la enemistad pagana. Fue a través de los Papas y sus compañeros de trabajo, los sacerdotes católicos, que el cristianismo, hasta finales del siglo III, cubrió todo el mundo entonces conocido. El templo Capitolino, y con él los muchos santuarios de la idolatría, la casa dorada de Nerón, y con ella el exceso romano y la crueldad romana, el trono de los Césares, y con él la opresión romana y la injusticia romana, todo había desaparecido. Y allí estaba la Roma de los Padres de la Iglesia, la Roma que aún iba a hacer maravillas en el mundo. Doscientos cincuenta y ocho Papas se han sucedido hasta ahora en la Sede de Pedro. De ellos, setenta y siete son honrados por la Iglesia como santos, y veintisiete, a imitación de Pedro, han sellado su obra con su sangre." Y la luz brilló en la oscuridad". Papa tras Papa, los principales portadores de la luz de la verdadera fe, enviaron a las naciones obispos y misioneros, llenos del espíritu de abnegación, dedicados exclusivamente a su gran tarea; y año tras año nuevas tribus, nuevas naciones, fueron ganadas para Cristo por los constantes trabajos y penalidades de los sacerdotes de la Iglesia Católica. Así, San Austin llevó la luz de la fe a Inglaterra, San Patricio a Irlanda, San Bonifacio a Alemania. Los frisones, los moravos, los prusianos, los suecos, los pictos, los escoceses, los francos, y cientos de otros, fueron llevados al seno de la Iglesia a través de la predicación y los trabajos de los obispos y sacerdotes de la Iglesia Católica Romana. Expulsados de un país, su influencia se hizo sentir en otro. Cuando Solisman, el sultán, amenazó con eliminar el cristianismo de Europa, los obispos y sacerdotes católicos romanos fueron a las Indias Orientales, a China y a Japón. Cuando Europa fracasó en su fidelidad y escuchó los cantos de sirena de la herejía, obispos y sacerdotes católicos fueron enviados al recién descubierto continente americano y a las Indias Occidentales.

Gregorio XVI ideó planes para misiones al interior de África, misiones que aún están obrando maravillas. Esta gran obra de iluminar al mundo la llevaron a cabo los Papas más particularmente por medio de esas asombrosas organizaciones llamadas Órdenes Religiosas, todas las cuales dependen para su existencia de la aprobación de la Santa Sede. Fue el gran Papa Gregorio I quien, siendo él mismo monje, dio, con su ejemplo, su dignidad, sus decretos e instituciones, firmeza y estabilidad a la vida monástica de Occidente. La verdadera sabiduría se apoya en los principios de la fe. De ahí que el primer objetivo de estas órdenes religiosas fuera difundir la luz de la fe. Todos sabemos con qué éxito lo hicieron. Pero hubo otra cosa que hicieron: civilizaron los países a los que el Papado los había enviado. En el mundo pagano, la educación era un edificio construido sobre los principios de la esclavitud. El lema era: "Odi profanum vulgus ciarceo". La educación era privilegio de la aristocracia. La gran masa del pueblo se mantenía estudiadamente en la ignorancia de los tesoros de la mente. Este estado de cosas fue eliminado por el Papado cuando estableció las instituciones monásticas de Occidente. Pronto toda Europa se cubrió de escuelas, no sólo para los ricos, sino también para los más pobres. Sí, la educación fue sistematizada, y se creó una emulación para el aprendizaje, como el mundo nunca había visto antes. Italia, Alemania, Francia, Inglaterra y España tenían sus universidades; pero al lado de éstas, sus colegios, gimnasios, parroquias y aldeas, escuelas, tan numerosas como las iglesias y monasterios, que los esfuerzos de la Santa Sede habían esparcido con mano pródiga a lo largo y ancho de la tierra. ¿Y dónde estaba la fuente de toda esta luz? Yo respondo: en Roma. Porque cuando las hordas bárbaras se abalanzaron sobre Europa desde los Montes Caspios, fueron los Papas quienes salvaron la civilización. Reunieron en el Vaticano los manuscritos de los autores antiguos, recogidos de todas partes de la tierra con enormes gastos. Los bárbaros, que lo destruían todo a sangre y fuego, ya habían avanzado hasta Roma. Atila, que se hacía llamar el azote de Dios, se plantó ante sus murallas; no había emperador, ni guardia pretoriana, ni legiones presentes para salvar la antigua Capital del mundo. Pero había un Papa, León I. Y León salió y, mediante súplicas y amenazas del desagrado de Dios, indujo al temido rey de los hunos a retirarse. Apenas se había retirado Atila, cuando apareció Genserico, rey de los vándalos, invitado por Eudoxia, la emperatriz, al saqueo de Roma. León le salió al encuentro y obtuvo de él la vida y el honor de los romanos, así como la preservación de los monumentos públicos que en gran número adornaban la ciudad. Así, León Magno salvó a Europa de la barbarie. Al nombre de León, podría añadir los de Gregorio I, Silvestre II, Gregorio XIII, Benedicto XIV, Julio III, Pablo III, León X, Clemente VIII, Juan XX, y una multitud de otros, que deben ser considerados como los preservadores de la ciencia y las artes, incluso en medio del torrente temible de la barbarie que se extendía, como una inundación, sobre toda Europa. El principio de la jerarquía de la Iglesia ha sido siempre éste: "Por el conocimiento de las cosas Divinas, y la guía de un maestro infalible, la mente humana debe ganar certeza con respecto a los problemas más sublimes, las grandes cuestiones de la vida: por ellos el origen, el fin, la norma y el límite de la actividad del hombre deben ser conocidos, porque sólo entonces puede aventurarse sin temor en la esfera de los esfuerzos humanos, y los desarrollos humanos, y la ciencia humana ". Y, en verdad, la ciencia nunca ha tenido fuera de la Iglesia el ascendente que siempre ha tenido en la Iglesia. Y lo que digo de la ciencia lo digo también de las artes. Lo digo de la arquitectura, de la escultura y de la pintura. Basta señalar la Basílica de Pedro, los museos y las bibliotecas de Roma. A Roma dirige siempre sus pasos el joven artista, para beber, en los monumentos del arte y de la ciencia, el genio y la inspiración que busca en vano en su propio país. Siente, con demasiada agudeza, que los ferrocarriles y los telégrafos, los barcos de vapor y las centrales eléctricas, los bancos y las sociedades anónimas, aunque son instituciones buenas y útiles, no son las madres del genio, ni las escuelas de la inspiración; y por lo tanto deja su país y va a Roma, y allí se deleita con los frutos recogidos por las manos de los sucesores de San Pedro, y luego regresa a casa con un nombre que vivirá por siglos en la memoria de aquellos que han aprendido a apreciar lo verdadero y lo bello.

Así es como los Papas, los obispos y los sacerdotes han llevado a cabo la primera magnífica obra de iluminar a la sociedad. Han derramado la luz de la Fe sobre Oriente y Occidente, sobre el Norte y el Sur, y con la fe han establecido los principios de la verdadera ciencia sobre su base natural. Han impartido educación a las masas, allí donde se les dejaba libertad para adoptar la suya propia, y sin trabas por la interferencia civil. Han fomentado y protegido, sí, reunido a su alrededor las artes y las ciencias, y hoy, si todas las bibliotecas, y todos los museos, y todas las galerías de arte del mundo fueran destruidas. Roma sola poseería lo suficiente para suplir la carencia, como lo hizo en épocas pasadas, cuando otros se suplían a sí mismos saqueando Roma. La depravación del hombre se manifiesta en el constante esfuerzo por librarse de la restricción que la ley y el deber imponen a su voluntad; y a esto debemos atribuir el libertinaje que en todos los tiempos ha afligido a la sociedad. La pasión no reconoce ley alguna, y no escatima ni derechos ni convenciones; cuando tiene poder, lo ejerce en provecho propio y en detrimento del orden social. La Iglesia es católica por su propia constitución y, por tanto, considera a todos los hombres como hermanos de la misma familia. Ella no reconoce el derecho natural de un hombre sobre otro, y por lo tanto su catolicidad impone una fuerte restricción a todos los esfuerzos del amor propio, y frena con mano poderosa la temeridad de aquellos que destruirían la armonía de la vida implícita en la idea de la catolicidad.

Uno de los primeros principios de toda felicidad social es que, ante la ley de la naturaleza y ante el rostro de Dios, todos los hombres son iguales. Este principio se basa en la unidad del género humano, en el origen de todos los hombres de un padre común. Si estudiamos la Historia del Paganismo, encontramos que todas las naciones paganas anularon este gran principio, ya que encontramos entre todas las naciones paganas el mal de la Esclavitud. Antes de la venida de Cristo, la gran mayoría de los hombres eran considerados como un desarrollo superior del animal, como instrumentos animados que podían ser comprados y vendidos, regalados y empeñados; que podían ser atormentados, maltratados o asesinados; como seres, en una palabra, para quienes la idea del derecho, el deber, la piedad, la misericordia y la ley no tenían existencia. ¿Quién puede leer, sin un sentimiento de intenso horror, los relatos que nos han dejado sobre el trato que los romanos daban a sus esclavos? No había ley que pudiera contener en lo más mínimo el desenfreno, la crueldad, el exceso licencioso del amo, quien, como amo, poseía el derecho absoluto de hacer con sus esclavos lo que le viniera en gana. Eliminar esta mancha de la esclavitud ha sido siempre el objetivo de los Papas, obispos y sacerdotes. "Puesto que el Salvador y Creador del mundo", dice el Papa Gregorio I, en su célebre decreto, "quiso hacerse hombre para, por la gracia y la libertad, romper las cadenas de nuestra esclavitud, es justo y bueno conceder de nuevo al hombre, a quien la naturaleza ha permitido nacer libre, pero a quien la ley de las naciones ha sometido al yugo de la esclavitud, la bendición de su libertad original." A lo largo de toda la Edad Media, llamada por los protestantes la edad oscura del mundo, se oye el eco de estas palabras de Gregorio I, y en el siglo XIII el Papa Pío II pudo decir: "Gracias a Dios, y a la Sede Apostólica, el yugo de la esclavitud ya no deshonra a ninguna nación europea." Desde entonces, la esclavitud se introdujo de nuevo en África, y en las recién descubiertas regiones de América, y de nuevo los Papas, obispos y sacerdotes alzaron su voz en pro de la libertad, desde Pío II hasta Pío VII, quien, incluso en la época en que Napoleón le había robado la libertad a Gregorio XVI, quien, el 3 de noviembre de 1839, insistió en una bula especial en la abolición de la trata de esclavos, y que habló como si hubiera vivido y estado al lado de Gregorio I mil trescientos años antes. Pero observemos aquí que no sólo la reivindicación de la libertad para todos, no sólo la abolición de la esclavitud, sino el mismo modo de actuar seguido en este asunto por los Papas, obispos y sacerdotes, se ha ganado para sí el honor inmortal y la estima de todos los hombres de bien. Cuando la Iglesia abolió la esclavitud en cualquier país donde existiera, los Papas, obispos y sacerdotes no obligaron a los amos, con dureza o amenazas, a manumitir a sus esclavos; no pusieron en acción las intrigas bajas, las argucias bajas, la hipocresía cantinflesca de los estadistas modernos; No levantaron ejércitos y los enviaron a las tierras de sus amos para quemar y saquear, para arrasar y destruir; no masacraron, con sus planes, a más de un millón de hombres libres y a otro millón de esclavos; no dejaron viudas y huérfanos sin número; no empobrecieron la tierra ni impusieron a sus súbditos cargas que los convertirían en polvo. Nada de todo esto. No fue así como la Iglesia abolió la esclavitud. Los Papas enviaron obispos y sacerdotes a los países donde existía la esclavitud, para iluminar las mentes de los amos y convencerlos de que los esclavos eran hombres y, en consecuencia, también tenían alma, como las demás personas. Los Papas, obispos y sacerdotes infundieron en los corazones de los amos un profundo amor a Jesucristo y, en consecuencia, un profundo amor a las almas. Los Papas, obispos y sacerdotes enseñaron a los amos a considerar a sus esclavos como creados por el mismo Dios, redimidos por el mismo Jesucristo, destinados a la misma gloria. La consecuencia fue que las relaciones entre esclavo y amo se convirtieron en relaciones de hermano a hermano; el amo comenzó a amar a su esclavo y a mejorar su condición, hasta que, por fin, obligado por sus propios principios reconocidos, le concedió la libertad. Así fue como la esclavitud fue abolida por la predicación de los Papas, obispos y sacerdotes. La gran barrera para el desarrollo sano, permanente y libre de las naciones fue así derribada; las bendiciones, los privilegios de la sociedad, se hicieron igualmente alcanzables por las masas, y dejaron de ser el monopolio especial de unos pocos, que, en su mayor parte, no tenían nada que recomendarles excepto su riqueza.

Pero aunque los Papas hayan abolido la esclavitud de la sociedad cristiana, la porción femenina de nuestra raza se habría hundido siempre de nuevo en una nueva esclavitud, si los Papas no hubieran entrado en la brecha para proteger la Unidad, la santidad, la Indisolubilidad del matrimonio. En medio de las edades bárbaras, durante las cuales el conquistador y el guerrero blandían el cetro del imperio, y los reyes y los pequeños tiranos no reconocían otro derecho que el de la fuerza, fue el privilegio de los Papas, y su honor, oponerse a sí mismos y a su autoridad como un muro de bronce a la sensualidad y a las pasiones de los poderosos de la tierra, y erigirse como protectores de la inocencia y de la virtud ultrajada, como paladines de los derechos de la mujer, contra los excesos desenfrenados de los maridos tiranos, haciendo cumplir, en sus setenta años, las leyes del matrimonio cristiano. Si la Europa cristiana no está cubierta de harenes, si la poligamia nunca ha ganado un punto de apoyo en Europa, si, con la indisolubilidad y la santidad del matrimonio, el paladio de la civilización europea se ha salvado de la destrucción, todo se debe a los Papas, los obispos y los sacerdotes. "Si los Papas", dice el protestante Von Miller, "si los Papas no pudieran sostener otro mérito que el que ganaron protegiendo la monogamia contra las lujurias brutales de aquellos en el poder, a pesar de sobornos, amenazas y persecuciones, sólo eso los haría inmortales para todas las edades futuras." ¿Y cómo tuvieron que luchar hasta conseguir este mérito? ¿Qué sufrimientos debían soportar, a qué pruebas someterse?

Cuando el rey Lotario, en el siglo IX, repudió a su legítima esposa para vivir con una concubina, el papa Nicolás I asumió de inmediato la defensa de los derechos y del honor de la infeliz esposa. Se aplicaron todas las artes de una política intrigante, pero Nicolás permaneció inquebrantable; se recurrió a las amenazas, pero Nicolás se mantuvo firme. Por fin, el hermano del rey, Luis II, se presenta con un ejército ante los muros de Roma, para obligar al Papa a ceder. Es inútil Nicolás no se aparta de la línea del deber. Roma es sitiada; los sacerdotes y el pueblo son maltratados y saqueados; los santuarios son profanados; la cruz es arrancada y pisoteada, y, en medio de estas escenas de sangre y sacrilegio, Nicolás huye a la iglesia de San Pedro. Pedro; allí es asediado por el brazo del Emperador durante dos días y dos noches: sin comida ni bebida, está dispuesto a morir de inanición sobre la tumba de San Pedro, antes que ceder ante un tirano brutal y sacrificar la santidad del matrimonio cristiano, la ley de vida de la sociedad cristiana. Y la perseverancia de Nicolás I se vio coronada por la victoria. Tuvo que luchar contra un rey licencioso, cansado de restricciones; contra un emperador, que con un ejército pisándole los talones, vino a imponer las injustas exigencias de su hermano; contra dos concilios de obispos venales, uno en Metz, el otro en Aix-la-Chapelle, que habían sancionado los escándalos del monarca adúltero. Sin embargo, con toda esta oposición, y el sufrimiento que le costó, el Papa logró el reconocimiento de los derechos de una mujer herida. Y en épocas posteriores encontramos a Gregorio V librando un combate similar contra el rey Eoberto, y a Urbano II contra el rey Felipe de Francia. En el siglo XIII, Felipe Augusto, más poderoso que sus predecesores, puso en marcha todos los resortes del poder para conseguir que el Papa lo divorciara de su esposa Ingelburgis. Oíd la noble respuesta del gran Inocencio III: "Puesto que, por la gracia de Dios, tenemos la firme e inquebrantable voluntad de no separarnos jamás de la Justicia y de la Verdad, ni movidos por peticiones, ni sobornados por regalos, ni inducidos por el amor, ni intimidados por el odio, seguiremos adelante por el camino real, sin girar ni a derecha ni a izquierda; y juzgamos sin acepción de personas, puesto que Dios mismo no hace acepción de personas."

Tras la muerte de su primera esposa, Isabel, Felipe Augusto quiso ganarse el favor de Dinamarca casándose con Ingelburgis. Apenas se había solemnizado la unión cuando quiso divorciarse de ella. Un concilio de obispos venales se reunió en Compiegne y anuló su legítimo matrimonio. La reina, pobre mujer, fue convocada ante sus jueces, y la sentencia le fue leída y traducida. Ella no podía hablar la lengua de Francia, así que su único grito fue "¡Roma!". Y Roma escuchó su grito de angustia, y carne a su rescate. Inocencio III necesitaba la alianza de Francia, en los problemas en los que estaba inmerso con Alemania; Inocencio III necesitaba la ayuda de Francia, para la Cruzada; sin embargo, Inocencio III envió a Pedro de Capua como Legado a Francia; el Legado del Papa convoca un Concilio; Felipe se niega a comparecer, a pesar de la citación, y todo el reino de Felipe es puesto bajo interdicto. La furia de Felipe no conoce límites: los obispos son desterrados, su legítima esposa es encarcelada y el rey descarga su ira contra el clero de Francia. Los barones apelan finalmente contra Felipe a la espada. El rey se queja al Papa de la dureza del Legado, y cuando Inocencio se limita a confirmar la sentencia del Legado, el rey exclama: "¡Feliz Saladino; no tuvo Papa!". Sin embargo, el rey se vio obligado a obedecer. Cuando preguntó a los barones reunidos en consejo: "¿Qué debo hacer?", su respuesta fue: "Obedecer al Papa; expulsar a Agnes y restaurar a Ingelburgis." Y, gracias a la severidad de Inocencio III, Felipe repudió a la concubina, y restituyó a Ingelburgis sus derechos, como esposa y reina. Escucha lo que dice el protestante Hurter, en su vida de Inocencio: "Si el cristianismo no ha sido desechado como un credo sin valor, en algún rincón aislado del mundo; si no ha sido, como las sectas de la India, reducido a una mera teoría; si su vitalidad europea ha sobrevivido al voluptuoso afeminamiento de Oriente, se debe a la severidad vigilante de los Romanos Pontífices; a su creciente cuidado por mantener los principios de autoridad en la Iglesia."

Tan a menudo como miramos a Inglaterra, esa tierra de perfidia y engaño, recordamos las palabras de Inocencio III. a Felipe Augusto. Vemos a Clemente usarlas como sus principios en su conducta hacia el bruto real Enrique VIII. Catalina de Aragón, la legítima esposa de Enrique, había sido repudiada por su deshonroso marido, y fue de nuevo a Roma a quien recurrió en busca de protección. Clemente discute con Enrique. El monarca insulta duramente al Papa. Clemente repite: "¡No cometerás adulterio!". Enrique amenaza con arrancar Inglaterra de la Iglesia; lo hace; aún así Clemente insiste: "¡No cometerás adulterio!". Fisher y More van a desangrarse en Tyburn; el Papa sigue repitiendo: "¡No cometerás adulterio!". La firmeza del Papa costó a Inglaterra la pérdida de la Iglesia. Le costó al Papa amargas lágrimas, y rogó al Cielo que no visitara sobre el pueblo de Inglaterra los crímenes del déspota; rogó por la conversión de la nación; pero sacrificar la santidad, la indisolubilidad del matrimonio, que nunca podría hacer abandonar a la mujer indefensa a la brutalidad de hombres cansados de las restricciones de la moral no, eso el Papa nunca podría permitirlo. Si la Corte, si el palacio del hogar doméstico le negaba cobijo, Roma estaba siempre abierta, refugio de la inocencia herida y abatida. "Hay que obedecer a Dios más que a los hombres".

Este ha sido siempre el lenguaje de los Papas, de los obispos y de los sacerdotes, siempre que se trataba de defender las leyes de Dios contra los poderes de la tierra; y al defender así las leyes de Dios, protegían contra el ultraje la dignidad personal, la libertad moral y la libertad intelectual del hombre. "Porque había un Papa", dice un historiador protestante, "ya no podía haber un Tiberio en Europa, y la dirección del bienestar religioso y espiritual del hombre fue retirada de las manos de la realeza." Porque había Papas, la voluntad del César ya no podía ser sustituida por la ley; porque los Papas hicieron del Evangelio el libro-ley de las naciones. Ahora bien, el Evangelio enseña que todo poder viene de Dios, que de Dios deriva el soberano su poder, para gobernar en justicia y equidad para el bienestar de sus súbditos, y que los súbditos están obligados a obedecer sus reglas por causa de la conciencia. Por tanto, adoptando el gran principio de acción, los Papas han condenado en todo tiempo el espíritu de rebelión, y han anatematizado aquellos principios, aquellas facciones, aquellas organizaciones cuyo objetivo es, y siempre ha sido, derrocar la autoridad y sustituir la armonía del gobierno legítimo por la anarquía. En conformidad con esta regla de acción, los Papas Clemente XII, Benedicto XIV, Pío VII, León XII, Gregorio XVI y Pío IX, han condenado las sociedades secretas, cuyo objeto es el derrocamiento del gobierno civil y religioso. Pero al mismo tiempo que los Papas exigían la obediencia de los súbditos a sus gobiernos legítimos, siempre han defendido a los súbditos contra el abuso de poder, o contra la tiranía de gobernantes injustos. En los tiempos paganos parecía como si el pueblo existiera para el soberano, y no el soberano para el pueblo; pero en los días y en los países en que la supremacía espiritual del Papa fue reconocida por los gobernantes, la idea pagana tuvo necesariamente que desaparecer, pues los Papas dieron a entender a los príncipes que ellos existían para el pueblo, y no el pueblo para ellos.

Visto así, ¡qué magnífico espectáculo presenta la Iglesia católica a nuestra admiración, y cómo anhela el corazón honesto de la nacionalidad abatida que vuelvan una vez más estos días felices! Tomados en su mayoría de las clases medias, a veces incluso de los rangos más humildes de la sociedad, los Papas ascendieron a la cátedra de Pedro. Y estos hombres, que habían sido hijos de artesanos y mecánicos, pero que, por su virtud y talento, habían ganado un mérito que ni la riqueza ni un pedigrí noble podían otorgar, se convirtieron en los árbitros entre nación y nación, entre príncipe y pueblo, siempre dispuestos a soldar la cadena de la amistad rota, y a proteger, con su poder y autoridad, los derechos de los súbditos oprimidos por gobernantes tiránicos. Fue realmente una bendición para Europa que Nicolás I. pudiera frenar, con mano de hierro, la tiranía de reyes y nobles. Fue en verdad una bendición, no sólo para Europa, sino para el mundo, que viviera un genio en la tierra en la persona de Gregorio VII, que supo proteger a los sajones contra el desenfreno de Enrique, rey de Alemania, un monstruo que molía a sus súbditos remordimientos en el polvo, y no respetaba ni la santidad de la virginidad ni la santidad del matrimonio; ni los derechos de la Iglesia, ni los del Estado; cuya existencia misma no parecía tener otro objetivo que el de la sanguijuela, extraer la sangre de los corazones de sus infelices súbditos. ¿Qué habría sido de Alemania si no hubiera existido un poder superior al de este príncipe impío? Fue Gregorio VII quien lo arrojó de su trono y devolvió a los nobles sajones y turingios su independencia, no por el poder de la espada, sino por el poder mordaz de su anatema. Lo mismo puedo decir de Bonifacio VIII y de Inocencio III. Hubo, felizmente para Europa, un

Tribunal de Apelación, ante el cual incluso los monarcas se vieron obligados a inclinarse; y ese tribunal fue Roma. A Roma apelaban las naciones cuando su independencia estaba en juego o sus derechos eran pisoteados. Y Roma nunca fue sorda al grito de socorro, viniera de Alemania o de Francia, de Inglaterra o de Polonia, de España o de las orillas del Bósforo.

La independencia de la religión del control del Estado, una bendición de la que se jacta nuestra constitución, era algo por lo que los Papas, junto con los obispos y sacerdotes, habían luchado y sangrado desde los días de Constantino, y por lo que obtuvieron la victoria, siglos antes de que se descubriera América. La abolición de la esclavitud fue el objetivo constante de los Papas, objetivo que logró sin perturbar la armonía de las naciones, sin desgarrar en sangre a los países donde existía la esclavitud; mientras que las potencias sólo lograron la abolición de la esclavitud a costa de torrentes de sangre y millones de tesoros, exprimidos por guerras despiadadas e injusticias políticas. La piedra angular de la sociedad es el matrimonio cristiano; y en esa piedra angular han hecho guardia los Papas, los obispos y los sacerdotes durante dieciocho siglos, insistiendo en que el matrimonio cristiano es uno, santo e indisoluble. La mujer, débil y desprotegida, ha encontrado en el hogar, como lo prueba abundantemente la historia de la Iglesia, la garantía que le fue negada por aquel que había jurado en el altar de Dios amarla y cuidarla hasta la muerte. Considerando que en las naciones que la Reforma del siglo XVI arrancó del seno de la Iglesia, las sagradas leyes del matrimonio son pisoteadas en el polvo; que las estadísticas de estas naciones muestran al mundo el triste espectáculo de divorcios tan numerosos como matrimonios, de separaciones del marido de la mujer, y de la mujer del marido, por las causas más triviales, concediendo así a la lujuria el más amplio margen de licencia, y legalizando el concubinato y el adulterio; mientras que el siglo XIX registra en sus anales la existencia de una comunidad de polígamos licenciosos dentro de las fronteras de uno de los países más civilizados de la tierra; aún debemos ver el decreto emanado de Roma que permitiría incluso a un mendigo repudiar a su legítima esposa, para entregar sus afectos a una adúltera. Y cuando la libertad de una nación estuvo al borde de la destrucción, y cuando emperadores, reyes y barones pisotearon los derechos, naturales y adquiridos, de sus súbditos, olvidando la sagrada confianza que se les había confiado, se convirtieron en tiranos, cuando ni la prosperidad ni la libertad indivisa estaban a salvo de esas garras rapaces; cuando incluso los derechos de conciencia fueron dejados de lado impunemente; fueron los Papas de Roma quienes abrocharon la armadura de la Justicia, y humillaron el orgullo de los príncipes aunque, como consecuencia, tuvieran que decir, con un Gregorio VII, "Dilexi Justitiam et odivi iniquitatem; ideo morior in exilio."

Así, los Papas, los obispos y los sacerdotes son la luz del mundo, el órgano del Espíritu Santo. Anuncian las verdades más bellas, las más útiles; hablan para animar al bueno, para exhortar al débil y para convertir al pecador. No es en su propio nombre como hablan; no, amados hermanos, es en nombre de Dios. Abren el Libro de los libros. Trazan para cada uno sus deberes individuales, tanto a los monarcas como a sus súbditos, al docto y al ignorante, al rico y al pobre, al justo y al pecador. A todos ofrecen instrucción, consejo y esperanza. Unas veces arremeten contra el crimen, otras alientan la virtud; ahora relatan los dulces consuelos del justo, y de nuevo describen el terrible estado del pecador impenitente. No hay máxima sana ni verdad política cuyo germen no se encuentre en la Palabra de Dios. Ahora bien, son los Papas, los obispos y los sacerdotes a quienes Dios ha designado para dispensar estos tesoros. Sí, muéstrame, si puedes, un solo país bendecido por la fe y la civilización, que no haya sido regado por las lágrimas y por la predicación, por las oraciones y por la sangre, de aquellos que son llamados la luz del mundo: los Papas, los obispos y los sacerdotes.

3

SON "LA SAL DE LA TIERRA

SI son los Papas, los obispos y los sacerdotes quienes han sacado de la barbarie a las naciones civilizadas del mundo, son también los Papas, los obispos y los sacerdotes quienes impiden que vuelvan a caer en su antigua degradación. Es por esta razón que nuestro Divino Salvador los llama también "la sal de la tierra". Dios Todopoderoso, que vela incesantemente por el bienestar de Su Iglesia, ha proporcionado en cada siglo vasos escogidos santos Papas, obispos y sacerdotes para defender y sostener su santa doctrina. Contra el arrianismo, Dios suscitó a un Atanasio y a un Hilario de Pointiers; para oponerse a los nestorianos, Dios envió a San Cirilo. Envió a San Agustín para abatir a los pelagianos; a San Juan Damasceno, para combatir a los iconoclastas. Cuando el mundo se hizo cristiano, y los católicos se enriquecieron, y olvidaron la pobreza de nuestro Señor Jesucristo, los monjes franciscanos fueron llamados a enseñar el amor de la pobreza cristiana a los católicos voluptuosos.

Siguieron entonces la herejía y la ignorancia, y los Padres Dominicos fueron suscitados, por Dios, para combatir estos dos grandes males. En el siglo XVI, surgió el protestantismo. La herejía surgió con toda su fuerza: Lutero fue su cabecilla y su portavoz; la pasión sensual y la desobediencia se personificaron en él. Dios suscitó a los Padres

Jesuitas para oponerse al Protestantismo, por la abnegación, por un voto especial a la Santa Sede, y por sus sanas enseñanzas de la religión católica.

Finalmente, en el siglo XVIII, la infidelidad y la impiedad, las últimas consecuencias del protestantismo, personificadas en Voltaire y sus asociados, levantaron audazmente la cabeza. La infidelidad se unió naturalmente al jansenismo para socavar el edificio de la Iglesia. El rigorismo se apoderó de los confesores y los armó de una severidad de hierro contra los pecadores débiles y temblorosos. La consecuencia fue que el temor servil tomó el lugar de la caridad de Dios; que los sacramentos, fuentes de vida, fueron abandonados o convertidos en escarnio; que la Sagrada Eucaristía, fuente vital de la piedad católica, se convirtió en objeto de temor, y que el espíritu del cristianismo pareció desaparecer. Pero el ojo de una Providencia omnisciente lo vigilaba. Para confundir la impiedad, para luchar contra el jansenismo, para desarmar a los confesores de su rigidez exagerada, para despertar la fe, para encender en el corazón de los fieles el amor al Santísimo Sacramento, Dios dio a su Iglesia un hombre según su corazón, Alfonso de Ligorio. La infidelidad había penetrado en la sociedad desde la nobleza hasta las clases más bajas, y los hijos de San Alfonso, los Padres Redentoristas, predican a los pobres las verdades eternas que quizá han perdido de vista por el indiferentismo y la infidelidad.

En verdad, si la Iglesia es la Esposa de Jesucristo, los Papas, obispos y sacerdotes son sus guardianes. Si la Iglesia es un ejército en campaña, los Papas, los obispos y los sacerdotes son sus generales. Si la Iglesia es una nave que surca las tempestades de las persecuciones, los Papas, los obispos y los sacerdotes son sus pilotos. Si la Iglesia es el Cuerpo Místico de Cristo, y si los fieles son sus miembros, los Papas, los obispos y los sacerdotes son los miembros principales de este Cuerpo; por sus ojos, Jesucristo vela sobre su rebaño; por sus pies, lleva a todas las naciones el Evangelio de la paz; por sus corazones, difunde por doquier la vida de aquella caridad divina sin la cual todo está muerto. Si la Iglesia es el pueblo de adquisición, comprado a gran precio, los Papas, los obispos y los sacerdotes son los jefes, los maestros, los príncipes de esa generación elegida. Si la Iglesia es ese edificio sagrado construido por la Sabiduría Divina misma para los hijos de Dios, los Papas, los obispos y los sacerdotes son los administradores de este palacio; son las columnas de la Iglesia sobre las que descansa el mundo entero. Dios Padre ha creado el mundo sin los Papas, los obispos y los sacerdotes, pero sólo a través de ellos lo salva. Dios Hijo redimió al mundo sin los Papas, los obispos y los sacerdotes, pero sólo por medio de ellos aplica Su Sangre a las almas de los hombres y asegura los frutos de Su copiosa Redención. Y difícilmente se puede nombrar una sola bendición del Espíritu Santo, sin contemplar al lado de esa bendición al sacerdote como el instrumento a través del cual ese Espíritu Divino comunica Su bendición. Sí, si San Bernardo tiene razón al decir que todo viene a nosotros a través de María, también nosotros tenemos razón al decir que todo viene al pueblo a través de los Papas, los obispos y los sacerdotes: sí, toda felicidad, toda gracia, todo don celestial.

Todos los demás dones de Dios no nos servirían de nada sin los Papas, los obispos y los sacerdotes. ¿De qué serviría una casa llena de oro si nadie te abriera la puerta? Ahora bien, los Papas, los obispos y los sacerdotes tienen la llave de todos los tesoros del cielo; son ellos quienes abren la puerta. Son los mayordomos del Señor, los administradores de sus bienes. Sin ellos, de nada nos serviría la Pasión de Nuestro Señor. Mirad a los pobres paganos: ¿de qué les sirve la muerte de Nuestro Señor? No pueden participar de la Redención mientras no tengan sacerdotes que apliquen su sangre a sus almas.

Nadie entiende esto mejor que el diablo y sus asociados en este mundo. Cuando quieren destruir la religión, empiezan por atacar a los Papas, a los obispos y a los sacerdotes; porque donde no hay sacerdote no hay sacrificio, y donde no hay sacrificio no hay religión. ¿Qué debemos hacer en la Iglesia? La gente diría, ya no hay Misa, nuestro Señor ya no está allí; mejor recemos en casa.

¡Oh, qué triste sería el estado de la sociedad si los Papas, los obispos y los sacerdotes fueran desterrados de la tierra! Se romperían los lazos que unen al marido y a la mujer, al hijo y al padre, al amigo y al amigo. La paz y la justicia huirían de la tierra. Prevalecerían el robo, el asesinato, el odio, la lujuria y todos los demás crímenes condenados por el Evangelio. La fe ya no elevaría las almas de los hombres al cielo. La esperanza, dulce consoladora de los afligidos, de la viuda y del huérfano, huiría, y en su lugar reinarían la negra desesperación, el terror y el suicidio. ¿Dónde encontraríamos la dulce virtud de la caridad, si los Papas, los obispos y los sacerdotes desaparecieran para siempre? ¿Dónde encontraríamos esa caridad que consuela al pobre y al desamparado, que seca amorosamente las lágrimas de la viuda y del huérfano; esa caridad que alivia al enfermo en sus sufrimientos, y venda las heridas del defensor sangrante de su patria? ¿Dónde encontraríamos esa caridad que arroja una chispa de fuego divino en los corazones de tantos religiosos, que les ordena abandonar el hogar, los amigos y todo lo que les es cercano y querido en este mundo, para ir entre extraños, entre tribus salvajes, y obtener allí, a cambio de su heroísmo, nada más que ultraje, sufrimiento y muerte? ¿Dónde, pregunto, encontraríamos esta caridad, si los Papas, los obispos y los sacerdotes desaparecieran para siempre? Dejad una parroquia muchos años sin sacerdote, y sus habitantes serán víctimas ciegas del error, de la superstición y de toda clase de vicios.

Mostradme una época, un país, una nación sin sacerdotes, y yo os mostraré una época, un país, una nación sin moral, sin virtud. Sí, si "Religión y Ciencia, Libertad y Justicia, Principio y Octava", no son sonidos vacíos, si tienen un sentido, deben su existencia enérgica en el mundo a la "sal de la tierra" a los Papas, obispos y sacerdotes.

4

SU PODER SOBRE EL CUERPO MÍSTICO DE CRISTO

TODO sacerdote puede decir, en alguna medida, con Jesucristo, que lo envió: "Todo poder me es dado en el cielo y en la tierra". La influencia de este poder se siente en el cielo, al dar a los elegidos; se siente en el infierno, al arrancar de él víctimas; se siente en el purgatorio, al consolar eficazmente a la Iglesia que sufre. La influencia del poder del sacerdote se hace sentir en todo el mundo para sostener a la Iglesia militante. Grandes y pequeños, reyes y súbditos, sabios e ignorantes, todos esperan del sacerdote no sólo la luz de la verdadera fe, sino también el perdón de sus pecados por la gracia de Dios. De hecho, el poder del sacerdote es tan grande, que puede conceder todas estas bendiciones en abundancia. Su poder supera al de cualquier ser creado, ya sea en el cielo o en la tierra. Un juez terrenal tiene un gran poder, pero, con todo su poder, sólo puede declarar inocente a uno que ha sido falsamente acusado; pero el sacerdote tiene poder para devolver la inocencia incluso a los que son culpables.

Los reyes de la tierra son poderosos, pero su poder se extiende sólo sobre unos pocos países, mientras que el poder del sacerdote se extiende sobre toda la tierra. Su poder llega hasta los cielos más altos, penetra incluso hasta las mismas puertas del infierno. Los tesoros de los reyes son la plata y el oro, metales perecederos, pero los tesoros del sacerdote son los méritos y gracias imperecederos de nuestro Señor Jesucristo. Los reyes tienen poder sólo sobre los cuerpos de los hombres, pero el sacerdote tiene poder sobre sus almas. Los reyes tienen poder sólo sobre sus súbditos, pero los reyes y emperadores mismos están sujetos al sacerdote. Los reyes tienen poder para abrir y cerrar las puertas de las prisiones de la tierra, pero el sacerdote tiene poder para abrir y cerrar las puertas del cielo y del infierno.

Sí, amados hermanos, esto no es una exageración. Escuchad las palabras de nuestro Señor Jesucristo que dirigió a sus Apóstoles, y a sus sucesores en el sacerdocio: "Os daré las llaves del reino de los cielos". Todo lo que atéis en la tierra, será atado también en el cielo, y todo lo que desatéis en la tierra, será desatado también en el cielo".

El sacerdote es más grande que los patriarcas, más grande, más excelso, que los profetas. La viuda de Sarepta alimentó durante algún tiempo al profeta Elías. En recompensa por su caridad, el profeta obtuvo para ella el milagro de que su olla de harina no se desperdiciara, y que su crucero de aceite no disminuyera, y así sostuvo a aquella familia de manera milagrosa. El sacerdote católico hace más: no sólo alimenta a una familia, sino a todo el género humano; no da mero pan material, sino el pan vivo del cielo, el cuerpo y la sangre de Jesucristo; fortalece las almas de los hombres con el óleo de la gracia, que les administra en los Santos Sacramentos.

Elías resucitó, además, al hijo de la viuda; pero el sacerdote hace más: resucita el alma muerta, no de un hombre, sino de cientos y miles. En el Bautismo, y especialmente en el sacramento de la Confesión, resucita a la vida de la gracia las almas de los que estaban muertos en pecado mortal.

Elías hizo llover fuego del cielo sobre las cabezas de los impíos. El sacerdote no sólo hace caer del cielo fuego material, sino mucho más: hace caer el fuego del amor divino sobre el frío corazón del pecador y lo mueve a la contrición; lo inflama a una vida nueva y perfecta.

Además, el sacerdote es más grande que los profetas. Los profetas veían al Redentor sólo de lejos, sólo en un futuro oscuro. El sacerdote lo contempla presente ante sus ojos. Toca con sus manos al Redentor anhelado; lo ofrece al Padre celestial; lo lleva por las calles; incluso se alimenta de la sangre preciosa de este Santo; incluso lo recibe en su corazón y se une íntimamente a Él en la Sagrada Comunión. Los profetas predijeron que, cuando llegara la plenitud de los tiempos, Dios escribiría su ley, no en la piedra, sino en el corazón de los hombres. Gobernaría a los hombres, no con la ley del temor servil, sino con los dulces lazos del santo amor; que Dios mismo habitaría en ellos y los dirigiría con su gracia. Ahora ha llegado esta plenitud de los tiempos, por la que suspiraban los profetas.

Dios da su gracia, su propia vida divina al hombre, y la da en abundancia; y como ministros de esta gracia ha elegido, no a los profetas, ni a sus ángeles, sino a sus sacerdotes.

El sacerdote católico tiene la primacía de Abel. Abel fue odiado y perseguido por su malvado hermano; el sacerdote es odiado y perseguido por los malvados entre sus semejantes.

El sacerdote tiene la dignidad patriarcal de Abraham. Abraham es llamado el Padre de los Fieles. El sacerdote es, en realidad, el Padre de los fieles, porque los hace hijos de Dios predicando el Evangelio y, sobre todo, administrándoles los Sacramentos.

Está al frente de la Iglesia, el arca de la salvación, como Noé.

Está consagrado para siempre, según el Orden de Melquisedec.

Está investido de una dignidad muy superior a la de Aarón. Aarón ofrecía sólo sangre de ovejas y bueyes; el sacerdote católico ofrece la sangre del Cordero de Dios, nuestro Señor Jesucristo.

El sacerdote tiene la autoridad de Moisés. Moisés condujo al pueblo de Dios a través del desierto hasta la tierra prometida; el sacerdote católico conduce a los hijos de Dios a través del desierto de esta vida hasta la verdadera Tierra de Promisión, nuestro hogar en el cielo.

El sacerdote tiene el poder de San Pedro, el poder de las llaves, el poder de atar y desatar, el poder de perdonar y de retener los pecados. El sacerdote tiene el poder de liberar al pecador de las ataduras del pecado y del infierno, y de abrirle las puertas del cielo. Tiene el poder de transformarlo de esclavo del demonio en hijo de Dios.

Tomemos a un hombre que, por su propia voluntad, se ha hecho esclavo del pecado, esclavo del demonio. ¿Quién lo liberará de esta vergonzosa esclavitud? ¿Invocaremos a los ángeles y a los santos del cielo? Los santos del cielo son los amigos de Dios, y Dios los honra escuchando sus oraciones. Pueden orar por el pecador, pueden obtener para él innumerables gracias, pero no pueden librarlo de un solo pecado.

¿Invocaremos a su ángel de la guarda? El ángel de la guarda puede advertir al pecador, puede ayudarlo, puede exhortarlo a hacer penitencia, pero el ángel de la guarda no puede liberarlo de las cadenas del pecado. ¿Invocamos a San Miguel? San Miguel es poderosísimo; es el príncipe de las huestes celestiales; ha vencido a Satanás y a su cuadrilla infernal. Puede obligar a los espíritus malignos a huir del pecador, pero no puede liberar a ese pecador de un solo pecado.

¿Invocaremos, pues, a la Santísima Virgen María en persona? La Santísima Virgen María es la Madre de Dios; es la Reina de los ángeles y de los hombres; su mismo nombre es el terror del infierno. Ella puede orar por el pecador, y sus oraciones son todopoderosas ante Dios, pero no puede perdonar ni un solo pecado; ¡no! ni siquiera un solo pecado venial.

Buscad donde queráis, por cielo y tierra, y sólo encontraréis un ser creado que puede perdonar al pecador, que puede liberarlo de las cadenas del pecado y del infierno; y ese ser extraordinario es el sacerdote, el sacerdote católico." ¿Quién puede perdonar los pecados sino Dios?" era la pregunta que hacían con sorna los fariseos." ¿Quién puede perdonar los pecados?" es la pregunta que también hacen los fariseos de hoy; y yo respondo: hay un hombre en la tierra que puede perdonar los pecados, y ese hombre es el sacerdote católico.

Sí, amados hermanos, el sacerdote no sólo declara que el pecador está perdonado, sino que realmente lo perdona. El sacerdote levanta la mano, pronuncia las palabras de la absolución, y en un instante, rápido como un relámpago de luz, las cadenas del infierno se rompen, y el pecador se convierte en hijo de Dios. Tan grande es el poder del sacerdote, que los juicios del mismo cielo están sujetos a su decisión; el sacerdote absuelve en la tierra, y Dios absuelve en el cielo". Todo lo que atares en la tierra será atado en el cielo, y todo lo que desatares en la tierra será desatado también en el cielo". Estas son las palabras siempre memorables que Jesucristo dirigió a los Apóstoles y a sus sucesores en el sacerdocio.

Supongamos que nuestro Salvador mismo bajara del cielo y se presentara aquí entre nosotros; supongamos que entrara en uno de los confesionarios, para oír confesiones. Ahora dejemos que un sacerdote entre en otro confesionario con el mismo propósito. Supongamos que dos pecadores van a confesarse, ambos igualmente bien dispuestos, igualmente contritos. Que uno de ellos se dirija al sacerdote, y el otro a nuestro Salvador mismo. Ahora bien, nuestro Señor Jesucristo dice al pecador que acude a Él: "Yo te absuelvo de tus pecados", y el sacerdote dice al pecador que acude a él: "Yo te absuelvo de tus pecados". Ahora bien, la absolución del sacerdote será tan válida, tan poderosa, como la absolución del propio Jesucristo. El pecador que acude al sacerdote para confesarse, será tan bien absuelto como el pecador que acude a nuestro bendito Señor mismo.

Al fin del mundo, Jesucristo mismo juzgará a todos los hombres; "porque el Padre no juzga a nadie, sino que ha dejado todo el juicio a su divino Hijo"; pero mientras dure este mundo, Jesucristo ha dejado todo el juicio a sus sacerdotes. Los ha investido con Su propia autoridad, con Su propio poder. "El que a vosotros oye

Él dice, "me escucha". Les ha dado Su propio Espíritu divino. "Recibid el Espíritu Santo; a quienes perdonareis los pecados, les son perdonados; y a quienes se los retuviereis, les son retenidos".

El sacerdote es el embajador, el plenipotenciario de Dios. Es el cooperador, el ayudante de Dios en la obra de la Redención. Amados hermanos, esto no es una exageración, es el lenguaje inspirado del Apóstol: "Dei adjutores sumus". (1 Cor. iii.) "Somos los cooperadores, los ayudantes, de Dios". Es al sacerdote a quien Dios habla, cuando dice: "Juzga entre Yo y mi pueblo". "Judica inter Me et vineam meam". (Isa. v.) "Este hombre", dice Dios, hablando al sacerdote, "este hombre es un pecador; me ha ofendido gravemente; podría juzgarlo Yo mismo, pero dejo este juicio a tu decisión. Le perdonaré en cuanto tú le concedas el perdón. Es Mi enemigo, pero le admitiré en Mi amistad en cuanto le declaréis digno. Le abriré las puertas del cielo en cuanto le liberes de las cadenas del pecado y del infierno".

Grande era el poder y la dignidad de José, el Virrey de Egipto. De la prisión fue elevado al trono. Del rango de esclavo, fue elevado a la primera dignidad del reino. El rey de Egipto se quitó su propio anillo y lo colocó en el dedo de José. Lo vistió con ropas costosas. Colocó una cadena de oro alrededor de su cuello. Le hizo subir a su segundo carro, y ordenó al heraldo que fuera delante de él para proclamar en voz alta que todos doblaran la rodilla ante su virrey José. Y el rey dijo a José: "Tú gobernarás mi casa. Tus órdenes obedecerá mi pueblo, y sin tus órdenes nadie moverá mano ni pie en toda la tierra de Egipto, y serás llamado salvador del mundo." (Gén. xli. 40.)

Grande en verdad fue la dignidad a la que fue elevado José; pero la dignidad a la que Dios ha elevado al sacerdote, es infinitamente mayor. Del rango de un esclavo, un vil esclavo del pecado y del infierno, Dios lo ha elevado a una dignidad que sobrepasa con mucho la de los ángeles y los santos del cielo. Dios ha vestido al sacerdote con el costoso manto de la gracia y la inocencia. Ha puesto alrededor de su cuello la cadena de oro de la caridad y de la misericordia. Ha puesto en su dedo el anillo del poder y de la autoridad. Ha dado al sacerdote el poder omnipotente de perdonar los pecados.

El sacerdote ha recibido de Dios el poder de perdonar los pecados. Pero ¿sabéis, amados hermanos, lo que significa tener el poder de perdonar, de destruir, el pecado? El pecado es un mal tan grande, que aunque todos los hombres de la tierra, todos los santos y los ángeles del cielo hicieran las más enérgicas penitencias, aunque sacrificaran todo por amor de Dios, con todas sus buenas obras no bastarían para borrar un solo pecado. Es más, ni siquiera las ardientes llamas del infierno, aunque ardieran por toda la eternidad, podrían destruir un solo pecado mortal. Tener el poder de mover montañas es ciertamente algo grande; pero tener el poder de quitar el pecado del alma es algo mucho mayor. Tener el poder de resucitar a los muertos es maravilloso; pero el poder de resucitar el alma muerta es aún más maravilloso. Tener el poder de crear nuevos mundos, es participar de la propia Omnipotencia de Dios; pero tener el poder de perdonar, de destruir el pecado, es ocupar el lugar mismo de Dios, es realizar una de las mayores obras del poder omnipotente de Dios. Antes de concluir este punto, quisiera dirigir unas palabras, con toda caridad, a aquellos de mis amables oyentes que tal vez no sean todavía miembros de la Iglesia católica.

Hay muchas almas nobles de corazón, preciosas; han sido creadas por Dios para un fin elevado, creadas para brillar entre los ángeles resplandecientes por toda la eternidad. Han sido creadas con una sensibilidad tan aguda, que parecen haber nacido sólo para sufrir y llorar. Su camino al cielo es un camino de espinas. Sus penas y anhelos son tales que pocos pueden comprenderlos. Dios ayude a estas nobles almas, si se ven privadas de la fuerza y de los consuelos de la Iglesia Católica fuera de la Iglesia, un alma tan dotada debe soportar sola su angustia. Se le dijo, en la hora de la felicidad, que la religión la consolaría en la hora del dolor. Y ahora su hora de dolor ha llegado. ¿Adónde acudirá en busca de fuerza y consuelo? A sus libros, a su Biblia.

Pero los libros son fríos y fatigosos; sus palabras están muertas. ¡Oh, cómo envidia a la Magdalena penitente, que podía sentarse a los pies de Jesús y oír de sus labios benditos las dulces palabras de perdón y paz!

Se dirige a Dios en oración, pero Dios no le responde ni con el Urim ni con el Tumim; y, en su duda y soledad, envidia incluso a los judíos de antaño. Ah! ella escucha en vano la voz de Dios porque Dios ha designado una voz para responderle; pero esa voz sólo está dentro del redil del pastor; y ella está retenida fuera del redil por el cruel enemigo, y la voz del pastor no puede alcanzarla.

¡Ah, qué diferente es con el alma fiel católica! Trata de recordar a algún amigo virtuoso que conozcas; trata de imaginar a uno que sea culto y piadoso, que dedique toda su vida, no al cuidado de una familia, sino únicamente al servicio de Dios; imagina a alguien así siempre dispuesto a ayudarte en tus necesidades, espirituales e incluso temporales, siempre sabio al dar consejo, amable al reprender, claro al enseñar y poderoso en palabra y obra; imagina que alguien así fuera tu amigo íntimo, ¡cuán grande sería tu felicidad!

Imagina, además, que este amigo amable y digno de confianza fuera designado por Dios mismo para ser tu guía y director constante; imagina que estuviera obligado por los juramentos más sagrados a no revelar nunca, ni siquiera de palabra o de mirada, ningún secreto que pudieras confiarle; imagina, además, que este amigo hubiera recibido de Dios el poder de perdonar todo pecado que le confesaras con verdadera contrición imagina todo esto, y tendrás lo que todo católico tiene en su confesor. El buen católico acostumbra, ya desde su infancia, a comunicar a su confesor toda prueba y tentación que turba la paz de su corazón. Acude a su confesor en busca de consuelo en la hora de las tinieblas y del dolor; le pide consejo cuando tiene dudas; le consulta en toda empresa importante. Nuestro Señor Jesucristo prometió a sus amados discípulos que, aunque abandonaría la tierra, no los dejaría "huérfanos", les enviaría el Espíritu de la Verdad para que fuera su consolador. Ahora esta promesa divina se ha ratificado, e incluso en gran medida cumplido, cuando, en la noche del Domingo de Pascua, Jesús se apareció a sus Apóstoles y les dio el Espíritu Santo, diciendo: "Recibid el Espíritu Santo. A quienes perdonéis los pecados, les son perdonados, y a quienes se los retengáis, les son retenidos".

En este solemne momento Jesús hizo a sus sacerdotes padres de los fieles, de quienes habían de recibir el espíritu de gracia y consolación, hasta el fin de los tiempos.

La misma Mano Divina que derramó tan maravilloso afecto en el corazón de la madre, llena de divina caridad el corazón del sacerdote, y le enseña a adaptar su trato a las necesidades espirituales de su penitente. El sacerdote siente por su penitente lo que un padre terrenal siente por su hijo; y como padre espiritual, juzga y decide según cree que es mejor para el bienestar eterno del penitente.

Creedme, mis queridos amigos protestantes, que no podéis imaginar el consuelo, la paz de espíritu que experimenta un católico cuando ha hecho una buena confesión; cuando sale de los pies del sacerdote con la divina seguridad que le da la fe, de que sus pecados están real y verdaderamente perdonados. No se puede comprender esta alegría con la fuerza de la imaginación. Para comprender esta felicidad, debes experimentarla como la experimenta el católico romano, que confiesa con la certeza infalible de que el sacerdote ha recibido de Cristo el poder de perdonar los pecados.

El "Libro de Oración Común" episcopaliano, al menos en Inglaterra, enseña que cuando uno está enfermo y moribundo, puede recurrir a la confesión y obtener el perdón de sus pecados, si su conciencia está turbada por algún asunto de peso. El católico, sin embargo, no necesita esperar hasta que esté a punto de morir, puede obtener el perdón de sus pecados cuando lo desee. No necesita esperar a que su conciencia se vea agobiada por algún asunto grave, puede confesarse y obtener el perdón de esos pecados y faltas cotidianos que afligen el corazón y agobian el espíritu por su frecuente recurrencia, incluso a pesar de toda nuestra vigilancia.

Para el alma católica fiel, las puertas de la Iglesia católica están siempre abiertas. Aquí puede venir como a una fuente curativa, cuyas aguas fluyen siempre. Aquí ella puede tener su frente ardiente; aquí ella puede beber de la corriente refrescante, y aliviar la angustia febril de su alma. Aquí Jesús mismo, el más querido de los amigos, le habla por boca de aquel a quien ha dado el Espíritu Santo, el espíritu de consolación.

La Sra. Moore, una señora muy inteligente de Edinton, Carolina del Norte, y convertida a nuestra santa fe, dijo a sus hijos protestantes en su lecho de muerte: "¡Oh, hijos míos, hay tanta esperanza, tanto consuelo en nuestra santa religión! Cuando estaba tan cerca de la muerte y creía que no volvería a veros, mi alma se llenaba de angustia. Cuando pensé que tan pronto me encontraría con mi Dios, temí; pero cuando hice mi confesión a Su propio ministro comisionado y recibí la absolución en el nombre de la Santísima Trinidad, la muerte se despojó de todo aguijón. Cada día doy más gracias a Dios por haberme concedido la gracia de romper las ataduras que me alejaban de la Iglesia. Nunca he mirado atrás con arrepentimiento y, de hecho, me pregunto por qué he podido ser otra cosa que católico."

5

EL PODER DEL SACERDOTE SOBRE EL PROPIO CUERPO DE CRISTO

DIOS ha dado al sacerdote las llaves del cielo. Ha dado al sacerdote poder sobre los fieles, sobre Su cuerpo místico; pero ha dado al sacerdote un poder aún más extraordinario, un poder tan estupendo, tan indeciblemente grande, que, si no tuviéramos la gracia de la fe, nunca podríamos creerlo. Le ha dado al sacerdote poder sobre Su propio Cuerpo Sagrado, ¡poder sobre Sí mismo! El Dios eterno, Omnipotente, en cuya presencia tiemblan las columnas del cielo, ese Dios ante quien la tierra y todos los que la habitan, ante quien el universo sin límites, con todos sus innumerables soles y planetas, ante quien todas las cosas creadas son sólo como una gota de agua, como un grano de polvo, como si no lo fueran; ese Dios de infinita majestad y gloria está sujeto al sacerdote. Él desciende instantáneamente del cielo en obediencia a la voz de su sacerdote. Los monarcas de la tierra tienen grandes poderes, sus mandatos son obedecidos, su mismo nombre es respetado y temido. Miles y miles de sus semejantes están sometidos a ellos. Su poder es grande, pero no hay nadie en la tierra cuyo poder sea mayor.

Grande era el poder de Adán cuando salió de las manos de Dios, en toda la majestad de la justicia y la inocencia. Era el rey de la creación, y todas las criaturas de la tierra le obedecían.

Grande fue el poder de Moisés cuando, con una sola palabra, dividió las aguas del mar y condujo en seco a una inmensa multitud por en medio de las olas embravecidas.

Grande fue el poder de Elías, que hizo llover fuego del cielo sobre las cabezas de sus enemigos.

Grande fue el poder de Josué, que, en el fragor de la batalla, levantó las manos al cielo y ordenó al sol: "¡No te muevas, sol!", gritó, "y tú, luna, quédate quieta"; y el sol y la luna obedecieron su voz. Permanecieron inmóviles en medio de los cielos durante un día entero.

Grande, en verdad, fue el poder que Dios dio así al hombre, pero hay alguien en la tierra a quien Dios ha dado un poder infinitamente mayor. Hay un hombre que abre a voluntad las puertas del cielo, que habla al Hijo eterno de Dios, y a su voz el Dios del cielo desciende a la tierra y se somete a su control. Nos asombran las palabras del Evangelista cuando nos dice que Jesús, el Hijo de Dios, estaba sometido a María y a José. "Et erat subditus illia : y Él estaba sujeto a ellos". Pero al menos se pueden aducir algunas razones para mostrar la idoneidad de esta obediencia. María era la más pura y santa, la más perfecta de las criaturas de Dios; era la madre de Dios, y como tal, tenía cierto derecho a la obediencia de su Hijo; pero cuando vemos a un hombre débil y pecador dotado de un poder que los ángeles no se atreven a reclamar, cuando vemos a un hombre débil y pecador poseer poder sobre Dios mismo, poseer poder para llevarlo, para colocarlo, para darlo a quien él quiera, no podemos dejar de exclamar con asombro: "¡Oh maravilloso milagro! Oh poder inaudito!"

Y sin embargo, amados hermanos, es muy cierto; lo sabemos con toda la certeza de la fe. Estamos tan seguros de ello como de la existencia de Dios. Hay un hombre en la tierra que posee este extraordinario poder, y ese hombre es el sacerdote católico.

El poder que Dios ha dado al sacerdote es incluso mucho más excelente que el poder de la creación. Por la creación, Dios produce la sustancia del pan de la nada, por Su palabra; pero por las palabras del sacerdote en la consagración, la sustancia del pan se transforma en el Sacratísimo Cuerpo y Sangre de Jesucristo.

Tan sublime es la dignidad del sacerdocio, que, para establecerlo, nuestro Señor Jesucristo tuvo que morir. Para redimir al mundo, no era necesario que nuestro Señor muriera. Hubiera bastado una sola gota de su Sagrada Sangre, una sola lágrima, una sola oración suya; pero para establecer el sacerdocio, nuestro Señor tuvo que morir. Tenía que dejar a los sacerdotes de su santa religión un sacrificio apropiado; tenía que dejarles una víctima pura, santa, inmaculada, digna de Dios; y en todo el universo no podía encontrarse una víctima tan digna como Él mismo.

De ahí que nuestro Señor Jesucristo instituyera, en la Última Cena, el sacrificio de su Sagrado Cuerpo y Sangre. En la noche anterior a su Pasión, nuestro Santísimo Redentor, en presencia de sus Apóstoles, ofreció pan y vino a su Padre Celestial; luego, por su poder omnipotente, transformó el pan y el vino en su Sagrado Cuerpo y Sangre, y ofreció su Cuerpo y Sangre en sacrificio por nuestros pecados. "Esto -dijo- es mi Sangre, que se derrama para la remisión de los pecados".

Luego dio poder a sus Apóstoles para ofrecer este mismo sacrificio divino. "Haced esto", dijo, o sacrificad esto, "en memoria mía". Fue, pues, nuestro Divino Salvador mismo quien primero ofreció el sacrificio de la Nueva Ley, el sacrificio de Su Cuerpo y Sangre que llamamos el santo sacrificio de la Misa. La primera Misa, pues, que se celebró en la tierra, fue ofrecida por nuestro Señor Jesucristo mismo, en la Última Cena.

Ahora bien, todas las buenas obras juntas no tienen el mismo valor que el sacrificio de la Misa, porque son obras de hombres; pero la santa Misa es obra de Dios. El martirio no es nada en comparación es el sacrificio que el hombre hace de su vida a Dios; pero la Misa es el Sacrificio que Dios hace de su Cuerpo y de su Sangre por el hombre. En este sacrificio no se ve otra cosa que el Infinito. El sacerdote es Dios, la víctima es Dios. El santo sacrificio de la Misa es esencialmente lo mismo que el sacrificio de la cruz. Difiere del sacrificio de la cruz sólo en apariencia. En el Calvario, la víctima ofrecida a Dios fue el Cuerpo y la Sangre vivos de nuestro Señor Jesucristo, y en el santo sacrificio de la Misa, la víctima es también el Cuerpo y la Sangre vivos de nuestro Señor Jesucristo.

En el monte Calvario, el sacerdote que ofreció el sacrificio fue el mismo Señor Jesucristo; y en el santo sacrificio de la Misa, el sacerdote que ofrece el sacrificio es también nuestro Señor Jesucristo.

En el monte Calvario, Jesucristo estaba real y visiblemente presente, y en el altar, durante la santa Misa, Jesucristo está también real y visiblemente presente.

En la cruz, nuestro Salvador tuvo una muerte dolorosa y sangrienta; pero en la santa Misa, nuestro Salvador muere sólo en apariencia, o, como se dice, una muerte mística.

En el santo sacrificio de la Misa, el Cuerpo y la Sangre de nuestro Señor Jesucristo no están muertos; no, es el Cuerpo vivo, la Sangre viva y caliente del corazón; es el alma viva y racional de nuestro Señor Jesucristo, unida a su Divinidad, lo que se ofrece a Dios en la santa Misa. Esto es lo que da a la santa Misa un valor infinito, lo que la convierte en el culto más alto que se puede ofrecer a Dios. En la santa Misa, el Hijo de Dios adora por vosotros a su Padre celestial; ora por vosotros; pide perdón por vosotros; adora, da gracias por vosotros.

¿Cuáles deben ser, pues, los efectos de este augusto sacrificio? Dios, aplacado por el sacrificio de la Misa, perdona incluso los pecados más enormes concediendo al pecador la gracia de hacer penitencia por ellos. Sin duda, es a la eficacia de la Misa a la que debemos atribuir la menor frecuencia, en épocas posteriores, de aquellos terribles castigos que Dios infligía antiguamente a los malvados. "Es a la Misa", dice Timoteo de Jerusalén, "a la que el mundo entero debe su conservación; sin ella, los pecados de los hombres lo habrían aniquilado hace mucho tiempo." (Orat. de Proph.)

Ahora bien, el sacerdote católico es la única criatura de Dios que puede ofrecerle el santo sacrificio de la Misa. Por una sola Misa da a Dios, por ti y por todos los hombres, más honor y más gracias que todos los ángeles y santos del cielo. Es por una sola Misa que obtiene para ti, y para todos los hombres, más bendiciones; que aleja de ti, y de todos los hombres, más castigos; que apacigua a Dios más eficazmente que todas las oraciones de los ángeles y santos del cielo.

Las manos del sacerdote, más sagradas que los querubines que sostenían el propiciatorio, más venerables que el trono de zafiro en el que apareció el Anciano de días, más benditas incluso que el vientre sin mancha de la inmaculada Virgen María, sus manos tocan y manipulan el Verbo de Dios encarnado. Sus manos llevan ese Cuerpo sagrado, ante cuyo esplendor deslumbrante los ángeles velan sus rostros con tembloroso temor. Sí, en el altar puedo imaginar a los espíritus bien-aventurados en la actitud en que los contempló San Juan Evangelista. "Yacían postrados sobre su rostro ante el Cordero de Dios". (Apoc. vii. 11.) Pero el sacerdote está de pie ante el altar; suya es la autoridad y la acción. Los ángeles son sólo testigos del santo sacrificio, y Dios quiere que el sacerdote sea su ministro. Los ángeles están postrados ante el Cordero de Dios sobre el altar, pero el sacerdote está a la mesa del Cordero divino; se incorpora a Aquel a quien los ángeles apenas se atreven a mirar. La santa Iglesia, contemplando el indecible privilegio de la Santísima Madre de Dios, exclama admirada: "¡Oh bendito el vientre de la Virgen María, que llevó al Hijo del Eterno Dios, y benditos los pechos que amamantaron a Cristo nuestro Señor!". Pero podemos decir, con mayor justicia aún: "¡Oh benditas, tres veces benditas son las manos del sacerdote en las que el Hijo Eterno de Dios desciende cada día del cielo; benditas son esas manos que llevan, que manejan, que sacrifican al siempre bendito Hijo de Dios I!" El Hijo de Dios descendió una sola vez en el vientre casto de la Virgen María, pero desciende cada día en las manos del sacerdote.

Cinco palabras de su humildad llevaron al Verbo Eterno a su seno sagrado. Cinco palabras del poder del sacerdote llevan la misma Pal-abra Eterna al altar. Si el consentimiento que María dio fue la causa condicional del misterio de la Encarnación, hablar en el nombre, y en la virtud todopoderosa de Jesucristo, es la causa eficiente de la Transubstanciación la Nueva Encarnación que no es sino una extensión de la primera. Y lo que María hizo una sola vez, el sacerdote lo hace todos los días. Mientras ella dio al Hijo de Dios una vida de sufrimiento, que terminó con el tormento de la cruz, el sacerdote lo hace presente, en sus manos, en un estado inmortal e impasible.

Oh, amados hermanos, ¿con quién compararé al sacerdote? Ni en el cielo ni en la tierra se puede encontrar un igual al lado de Dios. Es en el establecimiento del sacerdocio donde Dios parece haber agotado todos los tesoros de su poder y misericordia. En efecto, a la luz de la fe, el hombre desaparece por completo en el sacerdote. La fe no ve en él más que a Jesucristo, continuando, en él y por él, la obra de la Redención, para honor de su Padre y salvación de los hombres. La fe no ve sino a Jesucristo mismo en el sacerdote cuando predica: "Id", dice Jesucristo al sacerdote, "como me envió mi Padre, así os envío yo. Todo poder me es dado en el cielo y en la tierra. Id, pues, y enseñad a todas las gentes; el que a vosotros oye, a Mí me oye".

La fe no ve sino a Jesucristo en el sacerdote cuando éste remite el pecado. El sacerdote no dice: "Jesucristo te absuelve"; no, dice: "Yo te absuelvo".

La fe no ve sino a Jesucristo en el sacerdote cuando consagra en la Misa; porque en la consagración el sacerdote no dice: "Esto es el Cuerpo de Cristo", dice: "Esto es mi Cuerpo".

La fe no ve en el sacerdote sino al hombre de la Santísima Trinidad. "Ve", dice Jesucristo al sacerdote, "bautiza a todas las naciones en el nombre del Padre, y del Hijo, y del Espíritu Santo". El sacerdote es el hombre de Dios Padre, para sostener Su causa, hacer respetar Su nombre, defender Sus intereses, promover Su gloria, vindicar Su honor, adoptar para Él hijos, prepararlos para Su servicio y Su Reino.

El sacerdote es el hombre del Hijo de Dios; es el predicador de Su Evangelio, el sacrificador de Su Cuerpo, el dispensador de Sus misterios, el tesorero de todas Sus gracias. El sacerdote es el hombre del Espíritu Santo. Él es Su órgano para iluminar las mentes de los hombres, para purificar y santificar sus corazones, para establecer y confirmar en sus almas la más íntima unión con este divino huésped.

"Yo en ellos", dice Jesucristo de los sacerdotes, "y tú (Padre) en mí. La gloria que tú me diste, yo les he dado". (Juan 17, 22, 23.) Verdaderamente, "el sacerdote", dice San Ambrosio, "es un hombre todo divino;" y el profeta real dice particularmente de los sacerdotes: "Vosotros sois dioses."

Perdonar los pecados, hacer que el Espíritu Santo habite en el alma, convertir el pan y el vino en el cuerpo de Dios, son milagros que sólo Dios mismo puede realizar. Ahora bien, los sacerdotes realizan estos milagros todos los días y, en consecuencia, puede decirse que son verdaderamente dioses; y San Gregorio Nacianceno tiene razón al decir: "El sacerdote es un Dios en la tierra, y su misión es hacer dioses a sus semejantes".

Junto a Dios, el sacerdote lo es todo. Verdaderamente, al sacerdote católico sólo se le puede comprender en el cielo. Si pudiéramos comprenderlo en la tierra, moriríamos de amor. Qué admiración y respeto, qué amor y veneración suscitaría aquel a quien el Señor asociara a Sí mismo en el gobierno del universo, rigiendo, con él, el curso de los astros, las vicisitudes de las estaciones y, añadid si queréis, creando con él nuevos mundos. Avocación tan maravillosa colocaría en un rango por sí mismo a este mortal privilegiado. Pero el sacerdote es objeto de una distinción mucho más gloriosa. No está llamado, es cierto, a dirigir el curso del sol, a excitar o calmar los vientos todo lo que está dentro del círculo de la naturaleza y del tiempo. Pero el sacerdote está llamado a llevar al cielo a los elegidos, a arrebatar del infierno a las víctimas, a santificar las almas, a concurrir a la redención de un mundo, espiritual e indestructible, a llenar el mayor de los reinos con habitantes todos radiantes de gloria, divina y eterna.

Puesto que Dios, entonces, ha colocado al sacerdote en el trono de Su propia santidad adorable, puesto que da al sacerdote el título de "Salvador del Mundo", puesto que llama al sacerdote "Su cooperador en la obra divina de la redención", ¿qué maravilla si ordena a todos que obedezcan y honren al sacerdote como se honran y obedecen a Sí mismo? "El que a vosotros oye", dice al sacerdote, "a Mí me oye, y el que a vosotros desprecia, a Mí me desprecia". "El que te toca, toca la niña de Mis ojos". Puesto que el sacerdote ha sido tan honrado por Dios mismo, ¿qué maravilla es que sea honrado por los ángeles y los hombres?

San Francisco de Sales vio al ángel guardián de un joven sacerdote, a quien él había ordenado, adelantarse a la derecha del sacerdote, antes de su ordenación; pero después de su ordenación, el ángel se fue a la izquierda del sacerdote y lo siguió. El emperador Constantino, en el Concilio de Niza, se sentó el último. Wenceslao, rey de Polonia, no quiso sentarse en presencia de un sacerdote. Santa Catalina de Siena y María de Oignies besaron el suelo por el que había pasado un sacerdote. San Francisco de Asís dijo que si viera a un ángel del cielo y a un sacerdote, primero se inclinaría ante el sacerdote y luego ante el ángel, porque el ángel es amigo de Dios, pero el sacerdote ocupa su lugar.

6

EL SACERDOTE CATÓLICO ES PADRE Y AMIGO DEL PUEBLO

GRANDES, indeciblemente grandes, en verdad, son los poderes del sacerdote católico. Pero no es meramente como el celebrante de los ritos del culto divino; no es meramente como el ministro de los sacramentos; no es meramente como el predicador de la Santa Palabra de Dios, que el sacerdote católico se destaca en medio de su pueblo. No, amados hermanos, él no ha recibido sus poderes extraordinarios para sí mismo; él no puede absolverse a sí mismo; él no puede administrarse los sacramentos a sí mismo; él no vive para sí mismo; no, él vive para el pueblo: él es el compañero de sus dificultades, él es el calmante de sus aflicciones, el guardián de sus intereses; él es el administrador de sus corazones, el centinela de sus lechos de muerte.

Desde su juventud, el sacerdote renuncia a la gloria y a los honores de este mundo. Se despide eternamente de los placeres familiares y de los mil goces que se permiten a los demás, para sacrificarse libremente por el bien de sus semejantes: para ser su padre y su mejor amigo. El sacerdote pasa generalmente, antes de su ordenación, de diez a doce años en duros estudios, que a menudo minan la salud y fatigan la mente. ¿Y en beneficio de quién emprende tantos estudios difíciles durante la mejor parte de su vida?

Es en beneficio del pueblo; es para capacitarse a sí mismo para enseñar y guiar correctamente, en el camino al cielo, a todos aquellos que serán puestos bajo su dirección espiritual. Después de su ordenación, el sacerdote pasa todos los días de su vida al servicio del prójimo. Los domingos lo ves, para tu bien temporal y espiritual, en el altar, o en el púlpito, o en el confesionario. Los días laborables lo ves, temprano por la mañana, elevando sus manos a Dios, en oración, para ofrecer el sacrificio expiatorio por el pueblo; y el hombre de caridad, el sacerdote de Dios, pasa el resto del día preparando sus sermones, instruyendo en el catecismo a los niños de la escuela, socorriendo a los pobres, visitando a los enfermos, enjugando las lágrimas de los desgraciados, haciendo brotar las lágrimas del arrepentimiento, instruyendo a los ignorantes, fortaleciendo a los débiles y alentando a los buenos en la práctica de la virtud.

Id por las calles de cualquiera de nuestras ciudades o pueblos. Entrad en la choza de los pobres. Preguntadles quién les ha dado la limosna que les aleja de la muerte y de la desesperación, y os dirán que ha sido el sacerdote, o alguna alma caritativa guiada por el celo del sacerdote. Id al lecho del enfermo; acercaos a la cabecera de ese pobre infeliz a quien todos han abandonado: preguntadle quién es el ángel consolador que derrama sobre su fatigado corazón el bálsamo de la esperanza y del consuelo, y os dirá que es el sacerdote.

Hace unos veinte años, cuando las tropas francesas estaban acampadas en los alrededores de Gallipolis, el cólera irrumpió repentinamente sobre ellas. No estaban preparados para ese terrible visitante. El Padre Gloriot, S. J., solo en un ejército de diez mil hombres. "Me vi obligado", dice, "a escuchar sus confesiones de rodillas, y encorvado junto a sus divanes. De hecho, aprendí entonces que para salvar almas para Jesucristo es necesario sufrir, con Él, la doble agonía de la mente y del cuerpo. Sin embargo, mi mayor prueba fue mi soledad. Estaba solo; no había tenido el consuelo de la confesión durante las últimas seis semanas; todos morían a mi alrededor; y si me enfermaba, no había nadie que me asistiera en la hora de mi muerte. Pero Dios, en su misericordia, me preservó para que pudiera atender las necesidades de las almas tan bien preparadas. Las pruebas fueron ciertamente grandes, pero grandes fueron también los consuelos. Cada vez que entraba en aquellos lugares de desolación, me aclamaban de todas partes: "¡Capellán, aquí! ¡Venid aquí conmigo! Apresúrese a reconciliarme con Dios. Me quedan pocos momentos de vida. Algunos estrecharían mi mano contra su corazón y dirían, agradecidos: ¡Qué suerte para nosotros que usted esté aquí! Si no estuvieras con nosotros, ¿quién nos consolaría en nuestros últimos momentos?".

Entrad en la oscura y mohosa mazmorra donde el infeliz prisionero languidece en cansado cautiverio; preguntadle quién es el que aligera sus cadenas y hace que los muros de su prisión parezcan menos lóbregos, y os dirá que es el sacerdote.

Ve al patíbulo donde el miserable criminal está a punto de expiar su crimen. ¿Quién está a su lado y despoja a la muerte de sus terrores? De nuevo es el sacerdote. Con una mano el sacerdote muestra al moribundo la cruz, la esperanza del pecador arrepentido, y con la otra señala el cielo, ese hogar bendito donde el cansado encuentra descanso.

En 1851, se cometió el siguiente asesinato cerca de París, en Francia: Un capitán de carabineros, excelente oficial, muy querido por todos, que hacía, como de costumbre, la ronda por los establos, había reprendido a uno de los soldados cuya conducta no había sido muy regular. Este último no replicó, sino que se volvió con semblante aparentemente tranquilo y subió al comedor. Allí cargó una de sus pistolas de caballo y, volviendo al establo, se acercó a su capitán y, con una puntería mortal, descargó el arma contra los lomos del oficial. El desdichado cayó lleno de sangre. Lo levantaron, lo llevaron a su habitación y los cirujanos declararon que la herida era mortal. En efecto, el pobre capitán había expirado pocas horas después, en brazos de su anciana madre, en medio de horribles sufrimientos, soportados heroicamente y con sentimientos de fe y caridad verdaderamente admirables. Se había confesado con gran piedad, había recibido el Santísimo Sacramento y, a imitación de su Divino Maestro que rezaba en la cruz por sus crucificadores, había perdonado a su asesino y suplicado su perdón con la más conmovedora y apremiante súplica. El asesino había sido detenido en el acto y trasladado a una prisión de París. Allí fue abandonado por todos, excepto por el sacerdote. Dos o tres días después del crimen, el sacerdote fue a ver al soldado por primera vez a la celda de la prisión militar. Le animó a esperar en la misericordia de Dios, a prepararse para una buena confesión y a aceptar la muerte como expiación por su crimen. El pobre criminal se sintió conmovido por las palabras del sacerdote y dijo: "He sido víctima de un momento de furia y locura. Fue un castigo de Dios, a quien había abandonado. Si hubiera rezado siempre como lo hago ahora, no habría llegado a esta situación. Mi padre me decía a menudo: Teme a Dios y rézale; ¡sólo Él es bueno, todos los demás no son nada! Pero es tan difícil hacerlo en el regimiento; siempre estamos rodeados de jóvenes que no dicen más que lo malo." Cuando se enteró de que había sido condenado a muerte, exclamó: "La sentencia es justa; apelar sería ir contra la bondad de Dios. Me mostrarían una misericordia que no deseo, porque el castigo debe ser sufrido. Debo expiar lo que he hecho. Mis esperanzas ya no están aquí abajo; ahora sólo tengo a Dios a quien mirar. Él es ahora todo para mí; sólo en Él confío; me siento muy tranquilo;

no siento rebelión en mi corazón; estoy perfectamente resignado a la voluntad de Dios."

Ahora bien, ¿qué produjo esa calma, esa felicidad, en este pobre prisionero? Fue su sincera confesión, que el sacerdote tuvo la bondad de escuchar, fue la Santa Comunión, que el sacerdote le llevó varias veces en una palabra, fue la caridad del sacerdote, que a menudo iba a verle a su prisión, para consolarle e inspirarle una gran confianza en la misericordia de Dios.

Durante las tres horas y media que duró el trayecto hasta el lugar de la ejecución, nunca perdió la calma Dios estaba con él en la persona del sacerdote, que le acompañó hasta los llanos de Savory, donde iba a ser fusilado. Qué espectáculo tan conmovedor contemplar, en un carro, a un hombre alto, el culpable, seguido por el sacerdote de Dios; ver cómo el sacerdote estaba aún más pálido que el culpable; y, al verlos caminar uno al lado del otro, ¡se diría que era él quien iba a ser fusilado! La expresión del rostro del culpable era de gran calma y resignación, sus ojos delataban a la vez pena y esperanza. Parecía rezar con fervor. No había tristeza en su mirada, incluso se podía ver el reflejo de cierta alegría interior. Escuchaba con amor y profunda atención las palabras que le dirigía el ministro de Jesucristo. Cuando el sacerdote le dijo: "Nuestro Señor está entre nosotros dos, mi pobre niña, siempre estamos bien cuando el buen Salvador está con nosotros", él respondió: "Oh, sí, mi corazón está perfectamente feliz; no pensaba decírtelo, pero me siento como si fuera a una boda. Dios ha permitido todo esto por mi bien, para salvar mi alma. Me consuela tanto pensar que mi pobre capitán haya muerto tan cristianamente. Voy a verle; ahora reza por mí. Mi Dios me ha salvado; siento que tendrá misericordia de mí. Subió al Calvario llevando su cruz: Yo le acompaño. No me resistiré a lo que quieran hacer conmigo, atarme o vendarme los ojos. ¡Ah! los pobres soldados están perdidos porque no os escuchan a vosotros, sacerdotes. Sin vosotros, sin la religión, el mundo entero estaría perdido".

Cuando pasaron por delante del cuartel, donde había cometido el asesinato, elevó una plegaria por su capitán. "¡No puedo concebir cómo pude hacerlo! No le guardaba rencor. Si la comisión de un pecado me salvara de ser fusilado, no lo haría; eso pienso ahora. No tengo nada que me retenga aquí, voy a ver a Dios". Cuando llegaron al lugar de la ejecución, el sacerdote y el culpable se apearon. Un oficial leyó la sentencia. El culpable respondió: "Reconozco la justicia de mi castigo, me arrepiento de lo que he hecho, ruego a Dios que me perdone; ¡le amo con todo mi corazón!". Entonces se arrodilló; el sacerdote le dio a besar el crucifijo, por última vez. "Padre mío -dijo con expresión de sentimiento-, padre mío, pongo mi alma en tus manos; uno mi muerte a la de mi Salvador, Jesús. Adiós, adiós". El sacerdote lo abrazó una vez más. Luego, con los brazos extendidos en forma de cruz, el culpable inclinó la cabeza y esperó su muerte. El sacerdote se retiró a rezar a cierta distancia. Un minuto después, la justicia humana había sido satisfecha, y el alma del desdichado soldado, purificada y transformada por la religión, había huido al seno de Aquel que todo lo perdona a los que se arrepienten. El sacerdote volvió a colocarse a su lado y, con lágrimas en los ojos, rezó de rodillas por el alma difunta del infortunado carabinero.

Ah! amados hermanos, id donde queráis, por todas las miserias de esta vida, y encontraréis que en todas partes el ángel consolador, el padre de los pobres y de los sin amigos, es el sacerdote; él trabaja día y noche, sin jactancia, sin alabanza, y a menudo sin otra recompensa, en esta vida, que el desprecio y la ingratitud. Si en la parroquia se declara una enfermedad peligrosa, el sacerdote no abandona el puesto de peligro. No, amados hermanos, el sacerdote católico no es un cobarde, el sacerdote católico no es un asalariado. Devoto e intrépido, se queda para animar a su rebaño, para darles los últimos sacramentos y, si es necesario, incluso para morir con ellos.

Un pobre hombre está muriendo en su miserable casucha. En medio de la noche invernal, el sacerdote oye que llaman a su puerta; le dicen que uno de los suyos necesita su ayuda. El sombrío viento invernal aúlla a su alrededor, la lluvia helada le golpea despiadadamente en la cara, pero él se apresura; hay un alma que salvar, hay un alma a la que ayudar en su temible lucha mortal; eso le hace olvidar todo lo demás. Por fin, entra en la casa de la muerte; entra en la habitación del enfermo, aunque sabe que el aire mismo de esa habitación está cargado de pestilencia. Recibe el último susurro del moribundo; le insufla al oído las dulces palabras del perdón y de la paz. Se inclina sobre el cuerpo infectado del enfermo y exhala de sus labios el aliento contaminado. El sacerdote está dispuesto a arriesgar su propia vida con tal de salvar el alma de su prójimo.

Durante la guerra de Crimea, el cólera hizo estragos en la división de Herbillon. Los soldados se inquietaron; tenían un aspecto sombrío y hablaban con desaliento, porque las víctimas eran muchas y no era la clase de muerte que le gusta a un soldado. Lo que más preocupaba a los soldados era la idea predominante de que la peste se transmitía por contacto; y había un gran abatimiento en el campamento. "¿Qué hacemos, Monsieur Abbe?", dijo el General al Padre Parabere; "esos muchachos parecen asustados". "¡Oh, es necesario hacer saber a ese miedo que tiene que atacar a franceses y cristianos! Déjemelo a mí, General". Y el intrépido sacerdote se dirige directamente a los mismos cuarteles donde la peste arreciaba con más furia. Un pobre soldado estaba en las últimas convulsiones y en la agonía. Al heroico sacerdote aún le quedaba tiempo para consolarlo y absolverlo, y entonces cerró los ojos. Luego convocó a todos los camaradas del muerto en torno a su lecho, y se esforzó en persuadirles de que el azote no era contagioso; pero como algunos de ellos meneaban la cabeza, añadió: "No me creeréis hoy, lo haréis mañana." Y pensad que el valiente sacerdote se acuesta en el mismo diván con el muerto de cólera y se dispone a pasar la noche con aquel nuevo compañero de cama. Pasaron muchas horas, y Pere Parabere, que ciertamente había trabajado lo suficiente durante el día como para necesitar descanso, no abandonó su puesto hasta que fue llamado para preparar a otro hombre para la muerte. Al día siguiente, todo el campamento se había enterado, y los soldados, recuperándose del miedo, se decían unos a otros: "¡Hay un hombre que no tiene miedo!".

Hace sólo unos años, un joven sacerdote irlandés, que entonces se encontraba en su primer año de misión en este país, recibió lo que para él fue literalmente la llamada de la muerte. Estaba enfermo en la cama cuando la "llamada por enfermedad" llegó a su casa, ya que el párroco del distrito estaba ausente. El pobre y joven sacerdote no dudó ni un momento; no importaban las consecuencias que pudiera tener para él, el católico no debía quedarse sin los consuelos de la religión. Para consternación de los que sabían de su intención, y que en vano protestaron contra lo que a ellos les parecía un acto de locura, emprendió su viaje, una distancia de treinta y seis millas, que realizó a pie, en medio de una lluvia incesante. Ah, ¿quién puede decir cuántas veces se detuvo involuntariamente en esa terrible marcha, o cómo se tambaleó y tambaleó cuando se acercaba a su fin? Apenas había llegado al lecho del enfermo y realizado las funciones del ministerio, cuando fue consciente de que su propia muerte se acercaba; y no habiendo ningún hermano sacerdote para atenderle en su última hora, se administró el viático a sí mismo, y al instante se desplomó en el suelo, convertido en cadáver.

Ah, amados hermanos míos, ¡cuántas veces no arriesga el sacerdote su salud, su honor, su vida y hasta su alma inmortal para socorrer a un pobre pecador moribundo! Cuántas veces no se encuentra al sacerdote en el campo de batalla, mientras silban las balas y chillan los obuses a su alrededor! ¡Cuántas veces no se le encuentra de rodillas junto al soldado moribundo, oyendo su última confesión y susurrándole al oído las dulces palabras del perdón y de la paz! ¡Cuántas veces no ha de visitar a los apestados en los hospitales y en las miserables chozas de los pobres! ¡Cuántas veces no debe permanecer, incluso durante horas, en una habitación cerrada junto a los infectados por las enfermedades más repugnantes! Cuando todo lo demás, cuando los amigos y parientes, cuando los más cercanos y queridos han abandonado al pobre moribundo, entonces es cuando sólo el sacerdote de Dios puede ser encontrado para asistirle en su última y temible lucha.

Cuando San Carlos Borromeo era Obispo de Milán, estalló una feroz peste en esa ciudad. Los sacerdotes de la ciudad ofrecieron generosamente sus servicios. Entraron en las casas de los apestados, los confesaron y les administraron los últimos sacramentos. Ni la repugnante enfermedad, ni el miedo a una muerte segura, pudieron con ellos, y todos cayeron pronto víctimas de su celo. La muerte los barrió, pero sus puestos fueron ocupados por otros sacerdotes generosos, que se apresuraron desde las ciudades vecinas, y, en poco tiempo, mil ochocientos sacerdotes cayeron víctimas de su caridad. Y no sólo en Italia, en todos los climas bajo el sol, el sacerdote católico ha demostrado la seriedad de su caridad con el generoso sacrificio de su vida. Basta recordar los sufrimientos y el heroísmo de los sacerdotes católicos de Irlanda, durante las largas y sangrientas persecuciones que han afligido a aquel malhadado país. Su triste, aunque gloriosa, historia es, sin duda, familiar para todos vosotros. Los sacerdotes católicos de Irlanda fueron proscritos; se les ordenó abandonar el país; fueron perseguidos como lobos. Pero, a pesar de todo, no abandonaron a sus pobres y sufridos hijos. Dejaron a un lado sus ricas vestiduras, abandonaron su traje sacerdotal y se disfrazaron con el atuendo más pobre y humilde. Sus iglesias fueron incendiadas y profanadas; pero entonces se les abrieron las cabañas de sus perseguidos compatriotas. Y el sacerdote católico compartió la pobreza y las penas de sus pobres hijos. Los seguía al bosque: descendía con ellos a las cuevas. A menudo, en alguna cabaña solitaria, en medio de un lóbrego pantano, o en medio de las salvajes soledades de las escarpadas montañas, se podía encontrar al sacerdote arrodillado junto a la cama de un pobre padre o madre moribundo, mientras los niños pálidos y hambrientos lloraban a su alrededor. Allí se podía encontrar al sacerdote católico escuchando la última confesión de esa pobre alma, ayudándola en su lucha por la muerte, y recitando las conmovedoras oraciones de la iglesia, con el tenue parpadeo de una pobre linterna. El sacerdote católico no abandonó a su pobre rebaño perseguido, aunque sabía que se había puesto precio a su cabeza, aunque sabía que había espías e informadores buscándole, aunque sabía que se habían enviado sabuesos bien adiestrados para seguirle la pista. El sacerdote católico no abandonó a sus hijos, aunque sabía que, si le cogían, le esperaban el potro y la horca. No sólo sufría pobreza y penas con su pobre rebaño, sino que a menudo padecía la muerte más cruel; porque siempre que se encontraba un sacerdote en el país, la tierna misericordia del tirano había decretado que fuera ahorcado, arrastrado y descuartizado.

Ah, amados hermanos, ¡ojalá pudiera llevaros a la Sala de los Mártires en París, donde los sacerdotes, amando a su Dios y a su prójimo, se preparan incesantemente para ir a predicar el Evangelio, sufrir y morir por la fe, entre los paganos! Ojalá pudieras ver allí ese ejército sagrado lleno de generosos soldados de Jesucristo, que aspiran a la conquista pacífica de los reinos infieles; que arden en deseos de derramar su sangre en los campos de batalla de la fe, el sacrificio y el martirio; que muy a menudo alcanzan, después de una vida de trabajos, fatigas y tormentos, la corona ensangrentada, que ha sido la meta de sus aspiraciones de toda la vida.

Cuando la han alcanzado, cuando su cabeza ha caído bajo la espada de un pagano, sus vestiduras, sus huesos sagrados, los instrumentos de su martirio, son recogidos reverentemente por los cristianos de las tierras donde han sido martirizados, y enviados a París, y la sala donde se reúnen todas estas preciosas reliquias se llama la Sala de los Mártires. La sola visión de este santuario, fresco con la sangre de aquellos amantes de Jesucristo, es el más elocuente de los sermones sobre la caridad del sacerdote hacia el pueblo. Huesos, esqueletos y cráneos de sacerdotes mártires encerrados en vitrinas, instrumentos de martirio, cuadros que representan tormentos insufribles, cadenas de hierro que torturaban los miembros de los confesores de la fe, cuerdas que los estrangulaban, crucifijos carmesíes con la sangre de quienes les imprimieron su último beso de amor, vestidos, lienzos ensangrentados ¡Oh, qué espectáculo! Gran Dios, ¡qué lección!

Aquí un enorme cangue, que descansó durante seis largos meses sobre los hombros del obispo Borie, allí una estera empapada con la sangre de Juan Bautista Cornay, que sobre ella fue decapitado y descuartizado, como el animal que es descuartizado. Cerca, un cuadro que describe el horrible sobrepelliz del beato Marchant, a quien los verdugos cortaron todo vivo, de la cabeza a los pies, hasta que murió de sufrimiento y agotamiento. Por todas partes, en cada rincón, la imagen del buen sacerdote muriendo por amor a Dios y a sus hermanos, y del demonio en forma humana crucificando, con un odio infatigable, a nuestro Señor Jesucristo, en la persona de sus sacerdotes.

Ah, si queréis saber lo que ha hecho el sacerdote católico, preguntad a los vientos, que han oído sus suspiros y sus oraciones; preguntad a la tierra, que ha bebido sus lágrimas y su sangre; preguntad al océano, que ha sido testigo de su lucha a muerte mientras se apresuraba en una misión de misericordia. Id a las lóbregas costas del helado norte, id a las ardientes arenas del lejano sur, y los huesos blanqueados y esparcidos del sacerdote católico os dirán cuán fervientemente ha trabajado por el bienestar de sus semejantes.

Ah, amados hermanos en Cristo, si las muchas almas felices que han muerto en los brazos, murieran con la bendición del sacerdote, si aparecieran ante vosotros en este momento, ¡ah! os describirían, en lenguaje elogioso, los grandes beneficios que han obtenido del sacerdote católico. Os dirían: "Estábamos débiles e indefensos, pero las palabras consoladoras del sacerdote nos dieron fuerzas. Temblábamos al pensar en los juicios de Dios; pero la bendición y la absolución del sacerdote nos dieron un valor sobrenatural. Nos atormentaban los asaltos del demonio; pero el poder del sacerdote ponía en fuga al maligno. Se nos rompía el corazón al pensar en dar un largo adiós a la esposa y a los hijos, a los seres más queridos; ¡pero el sacerdote dirigió nuestros ojos llorosos hacia un hogar más feliz, donde ya no hay despedida, ni llanto, ni luto! E incluso cuando nuestra alma había abandonado el cuerpo, cuando nuestros amigos derramaban lágrimas infructuosas sobre el frío cadáver, aún entonces el sacerdote de Dios nos seguía con sus oraciones; nos encomendaba a la misericordia de Dios; llamaba a los ángeles y a los santos para que vinieran en nuestra ayuda y nos presentaran ante el trono de Dios. Ah! ahora comprendemos, en efecto, que cuantos pecados perdona el sacerdote en la tierra, les son verdaderamente perdonados en el cielo".

El sacerdote tiene enemigos. Lo sabe, pero no se queja. También el mundo odiaba y perseguía a su Divino Maestro. Pero el sacerdote abre los labios sólo para rezar por ellos; levanta la mano sólo para bendecirlos. Recuerda las palabras de Jesús: "Yo os digo: amad a vuestros enemigos, haced el bien a los que os odian, bendecid a los que os maldicen y orad por los que os persiguen y calumnian"; y, como su Divino Maestro, el sacerdote dice: "Padre, perdónalos".

Durante la Revolución Francesa, un malvado monstruo, que a menudo se había teñido las manos con la sangre de los sacerdotes, cayó peligrosamente enfermo. Había jurado que ningún sacerdote pondría jamás el pie en su casa, y que, si alguno osaba entrar, no saldría vivo de ella. Un sacerdote se enteró de su enfermedad y también del impío juramento que había hecho. Pero no le hizo caso. El buen pastor debe estar dispuesto a dar la vida por sus ovejas. En cuanto el malvado monstruo vio al sacerdote ante él, montó en cólera: "¡Qué!", gritó, "¡un sacerdote en mi casa! Tráeme mis pistolas". Entonces el rufián moribundo levantó su brazo musculoso y lo sacudió amenazadoramente hacia el sacerdote. "¡Mira!", gritó con un horrible juramento, "con este brazo he matado a doce como tú". "No es así, mi buen amigo", respondió el sacerdote, con calma, "sólo has asesinado a once. El duodécimo está ahora ante ti". Entonces, descubriéndose el pecho, dijo: "¡Mira aquí, en mi pecho, las marcas de tu furia! ¡Mira aquí las cicatrices que ha hecho tu mano! Dios ha preservado mi vida para que yo pudiera salvar tu alma". Con estas palabras, el sacerdote echó los brazos al cuello del moribundo asesino y, con lágrimas en los ojos, le conjuró, por la preciosa Sangre de Jesucristo, a que se apiadase de su pobre alma y se reconciliase con Dios.

Así, mis amados hermanos, así es el sacerdote católico. Digo la verdad cuando afirmo que es en verdad un ángel de Dios, con corazón de hombre.

7

OBLIGACIONES DEL PUEBLO PARA CON EL SACERDOTE CATÓLICO

A NTES de concluir este pequeño trabajo, debo hablar de otro punto de gran importancia. La Sagrada Escritura nos dice que, cuando el santo hombre Tobías consideró los grandes beneficios que Dios había concedido a su familia a través del ángel Rafael, fue presa del miedo; no sabía cómo expresar su gratitud; él y su familia cayeron postrados sobre sus rostros durante tres horas, dando gracias y bendiciendo al Señor. Llamó a su hijo Tobías y le dijo: "¿Qué podemos dar a este santo varón que ha venido contigo?". Y el joven Tobías dijo a su padre: "Padre, ¿qué salario le daremos, o qué puede ser digno de sus beneficios? El me condujo y me trajo sano y salvo; recibió el dinero de Gabelo, me hizo tener mi mujer, y ahuyentó de ella el espíritu malo; dio alegría a sus padres, a mí mismo me libró de ser devorado por los peces, a ti también te ha hecho ver la luz del cielo, y estamos colmados de todos los bienes por él. ¿Qué podemos darle que baste para estas cosas? Pero te ruego, padre mío, que le ruegues que se digne aceptar la mitad de todo lo que se le ha traído". (Tobías, cap. xii.) Es así, mis amados hermanos, como esta santa familia se mostró agradecida a Dios y a su santo ángel por las bendiciones divinas.

Ahora habéis oído que el sacerdote es, para vosotros, el verdadero ángel de Dios; habéis oído que su dignidad es mucho más sublime que la del ángel Rafael; habéis oído que los poderes del sacerdote superan con mucho a los de todos los ángeles del cielo; habéis oído que sus oficios son de mayor importancia para vosotros que los de los ángeles; Habéis oído que los beneficios que Dios os concede a través de las manos del sacerdote, superan con mucho a los que concede a través de sus santos ángeles; habéis oído que el sacerdote católico no vive para sí mismo, sino exclusivamente para vosotros; que está investido de los poderes más extraordinarios, no para su beneficio, sino para el vuestro; en una palabra, habéis oído que Dios os ha dado, en el sacerdote, todos los bienes y bendiciones del cielo y de la tierra. ¿Qué digno agradecimiento puedes, entonces, ofrecerle? Ah! si el Señor te hubiera mostrado una sola vez una sola muestra de afecto, aun entonces estarías bajo infinitas obligaciones hacia Él, y Él merecería una infinita acción de gracias de tu parte, en la medida en que ese afecto es el don y el favor de un Dios Infinito. Pero puesto que diariamente recibís, por medio del sacerdote, bendiciones de Dios, infinitas en número y grandeza, ¿cuáles deberían ser entonces vuestras acciones de gracias a Dios y a su ángel el sacerdote? Con Tobías debéis decir: "¿Qué daremos a este santo varón? ¿Qué puede ser digno de sus beneficios?" Si, imitando a Tobías, ofrecierais a Dios y a su sacerdote la mitad de todos vuestros bienes, sería una pobre recompensa por las bendiciones divinas.

Créeme, nunca podrás, en este mundo, comprender plenamente lo que Dios te ha dado en el sacerdote, y lo que tú debes ser para el sacerdote; sólo lo comprenderás en el mundo venidero. Pero permitidme que os suplique que creáis, al menos, lo que no podéis comprender. Y si vivís de acuerdo con esta creencia, escucharéis a nuestro Señor cuando habla del sacerdote, y dice: "El que os recibe a vosotros, a mí me recibe, y el que me recibe a mí, recibe al que me envió". (Mt. x. 41.) Nuestro Divino Salvador dirigió estas palabras a Sus Apóstoles y a todos los sacerdotes en general, para animarlos a establecer en la tierra Su reino la Iglesia Católica. Vosotros sabéis muy bien, que para establecer y mantener establecida la santa Iglesia, los sacerdotes tienen que anunciar las verdades del Evangelio; tienen que administrar los Sacramentos. Pero esto no basta: también tienen que construir iglesias, o mantener las antiguas, y todo lo que les pertenece, en buen estado y reparación; tienen que erigir y sostener escuelas católicas, hospitales y asilos de huérfanos. Son los ministros de Dios y, como tales, están encargados del honor de su culto y del cuidado de sus templos sagrados. Son, además, los limosneros de los pobres y los padres de los necesitados. ¿Cómo, pensad, pueden los sacerdotes pobres hacer frente a todos los gastos en que necesariamente deben incurrir en el ejercicio del sagrado ministerio? Poneos sólo un día o dos en el lugar de vuestros sacerdotes: ocupaos de todos los pobres del lugar; asistid a todos los necesitados que acudan a vuestra puerta, o que oculten modestamente su pobreza a todos menos al sacerdote de Dios. Procura sostener escuelas católicas, colegios, hospitales, asilos de huérfanos. Construye nuevas iglesias o mantén las antiguas en buen estado. Haced todo esto, y más, y descubriréis cuáles son las dificultades y las cruces, los problemas y las penurias de los sacerdotes en este país. Descubriréis que se requiere una virtud heroica, una paciencia angélica y un valor sobrehumano en los sacerdotes, para cumplir con sus deberes hacia Dios y los hombres.

Jesucristo conocía muy bien todas las dificultades que debían afrontar sus pobres sacerdotes. Pero Él los anima. Les dice: "El que os recibe a vosotros, me recibe a Mí; y el que me recibe a Mí, recibe al que me envió. El que recibe a un profeta (un sacerdote) recibirá la recompensa de un profeta de un sacerdote. Jesucristo hizo que la salvación del pueblo dependiera del sacerdote, e hizo también que el sacerdote dependiera del pueblo para su sustento y demás gastos en que tiene que incurrir en el ejercicio del sagrado ministerio. Es por esta dependencia mutua que nuestro divino Salvador tiene a los sacerdotes unidos con el pueblo. El demonio, el espíritu maldito de la discordia, ha intentado a menudo romper esta sagrada unión entre las naciones católicas y su clero. Ha tenido éxito en muchos países por medio de gobiernos protestantes, pero nunca pudo tener éxito en un país en el país del glorioso San Patricio, en Irlanda. Allí el pérfido gobierno de Inglaterra ofreció, no hace mucho, apoyar al clero católico. Si esta oferta hubiera sido aceptada, los sacerdotes católicos de Irlanda habrían pasado a depender del gobierno inglés, y esa estrecha unión y cálido amor, ese respeto y estima profundamente arraigados que, durante tantos siglos, han existido entre los católicos irlandeses y sus sacerdotes, pronto habrían sido presa del diabólico truco de un pérfido gobierno. Pero gracias a Dios, y a la previsión y sabiduría del clero irlandés, el diablo y sus Colegas- el gobierno inglés se encontró, en este caso, como en muchos otros, con una fría recepción con una rotunda negativa.

Jesucristo ha dado a sus sacerdotes muchas razones para mantener el amor mutuo entre ellos y el pueblo. Los sacerdotes, sin duda, harán todo lo posible para establecer y preservar este amor. Pero Jesucristo desea también que el pueblo conserve este amor mutuo entre él y el clero. Para conseguir este objeto, se les ordena que sostengan y ayuden al clero; pero para que observen este mandamiento con alegría, Jesucristo ofrece al pueblo un incentivo poderosísimo. Dice a todo católico: "Si recibís a mi sacerdote, me recibís a Mí; y recibiéndome a Mí, recibís a mi Padre Celestial". En otras palabras, Jesucristo dice que, apoyando y ayudando a los sacerdotes, apoyáis y ayudáis a vuestro Divino Salvador Mismo, que considera todas las dificultades de Sus sacerdotes como Suyas, porque son Sus representantes en la tierra.

Además, para que los católicos se aferren a sus sacerdotes y se mantengan estrechamente unidos a ellos, Jesucristo les promete una inmensa recompensa. Él dice: "El que recibe a un profeta, (un sacerdote) recibirá la recompensa de un profeta". Nuestro Divino Salvador ha atribuido grandes bendiciones a la caridad que se demuestra a los más pequeños de Sus hermanos en la tierra. "De cierto os digo que en cuanto lo hicisteis a uno de estos mis hermanos más pequeños, a Mí lo hicisteis". (Mt. xxv. 40.) Al decir "a los más pequeños de estos, mis hermanos", Jesucristo nos da a entender que hay otra clase de Sus hermanos que son grandes a Sus ojos, y a quienes Él ama más tiernamente. Ahora bien, si Dios concede bendiciones tan grandes a quienes son caritativos con los más pequeños de los hermanos de Jesucristo, ¿cuánto más abundantemente no concederá sus bendiciones a quienes son caritativos con sus grandes amigos? El Espíritu Santo llama nuestra atención particular a esta gran verdad cuando dice en la Sagrada Escritura: "Si haces el bien, conoce a quién lo haces, y habrá mucho agradecimiento por tus buenas obras. Haz bien al justo, y hallarás gran recompensa, y si no de él, ciertamente del Señor". (Eccles. xii. 1, 2.) A los justos, especialmente a los que lo son eminentemente, puede aplicarse lo que el Ángel del Señor dijo de Juan el Bautista, a saber, que "era grande ante Dios". (Lucas i. 15.) La razón de esto es, porque Jesucristo vive en el justo por su gracia. "Vivo, ahora no yo", dice San Pablo, "sino que Cristo vive en mí". (Gal. ii. 20.) Por tanto, todo lo que se da al justo se da al mismo Cristo de una manera más especial. Para mostrar esto en la realidad, Cristo ha aparecido muchas veces en forma y vestido de pobre, y como tal pedía y recibía limosna. Esto le sucedió a Juan el Diácono, según relata en su vida San Gregorio. El mismo santo cuenta también (Horn. 39, en Evang.), que Jesucristo, en forma de leproso, se apareció a cierto monje caritativo, llamado Martyrius, quien lo llevó sobre sus hombros. Lo mismo le sucedió a San Cristóbal, también a San Martín, obispo de Tours. Siendo aún soldado, y recibiendo instrucción para ser admitido en la Iglesia católica, dio la mitad de su manto a un pobre; la noche siguiente se le apareció Jesucristo, vistiendo este manto, y dijo a los ángeles que le rodeaban: "¡He aquí a Martín, que me ha dado este manto!".

Una vez Santa Catalina de Siena dio a un pobre mendigo la cruz de plata que llevaba, no teniendo nada más sobre ella para dar. Durante la noche se le apareció Cristo y le dijo que, en el día del Juicio, mostraría esa cruz al mundo entero como prueba de su caridad. Dios, pues, recompensa liberalmente a los que son caritativos con el más pequeño de sus hermanos; pero recompensa mucho más liberalmente a todos los que son caritativos con sus amigos los justos. "El que recibe a un justo", dice Jesucristo, "en nombre de un justo (es decir, porque es un justo, un amigo de Dios), recibirá la recompensa de un justo."

Pero, ¿cuál será la recompensa de todos aquellos que liberal y alegremente sostienen y ayudan a los sacerdotes, ministros y verdaderos representantes de Dios, por cuyo ministerio los hombres son hechos justos y santos? Para comprender esto, debo hacer aquí una observación muy importante, a la que llamo especialmente vuestra atención: a saber, que hay grados en este bien hacer. Cuanto más justo sea un hombre, tanto para sí mismo como para los demás, cuantas más almas conduzca a la justicia, a la santidad de vida, mayor será su recompensa, y por consiguiente, mayor será también la recompensa de quien ayude por toda la eternidad". Entonces los justos brillarán como el sol en el reino de su Padre" (Mt. xiii. 43); y esta gloria y felicidad suya en el cielo será proporcional al celo y fervor con que hayan seguido prestando ayuda caritativa a Jesucristo, en las personas de los ministros de la santa Iglesia católica. "El que recibe a un profeta, tendrá la recompensa de un profeta". El que recibe a un profeta, dice nuestro Señor, es decir, el que presta ayuda caritativa a un sacerdote, recibirá la recompensa de un sacerdote. La razón de esto es, porque por su ayuda caritativa contribuye a la difusión del Evangelio, y, por lo tanto, así como participa en el trabajo y en los méritos del Evangelio, también debe participar en la recompensa prometida al verdadero ministro de Dios. Si ayudaras a un hombre a realizar acciones pecaminosas, te convertirías en cómplice de sus pecados. Así, de la misma manera, ayudando a los sacerdotes con un corazón alegre. Cuando Dios, en Su generosidad, se digna llamarte a cooperar en cualquiera de Sus obras, no emplea soldados, ni recaudadores de impuestos, ni alguaciles para recaudar el impuesto; sólo acepta de ti una ayuda voluntaria. El Amo del Universo repudia la coacción, pues es el Dios de las almas libres; no consiente en recibir nada que no sea espontáneo y ofrecido con corazón alegre.

En conclusión: El sacerdote católico es el sacerdote del Señor del cielo y de la tierra; ¡imposible concebir una dignidad más alta!

El sacerdote católico es el plenipotenciario de Dios; ¡imposible concebir un poder mayor!

El sacerdote católico es el ministro de Dios; ¡imposible concebir un oficio más sublime y más importante!

El sacerdote católico es el representante de Dios; ¡imposible concebir una comisión más alta!

a tal hombre justo. "Los que instruyen a muchos en la justicia, brillarán como estrellas por toda la eternidad". (Dan. xii. 3.) ¿A quién pueden aplicarse con más verdad estas palabras de la Sagrada Escritura que a los fervorosos pastores de almas y sacerdotes misioneros? Dedican toda su vida a la salvación de las almas. Ahora bien, no hay nada más agradable a los ojos de Dios que trabajar por la salvación de las almas. "No podemos ofrecer ningún sacrificio a Dios", dice San Gregorio, "que sea igual al del celo por la salvación de las almas". "Este celo y trabajo por la salvación de los hombres", dice San Juan Crisóstomo, "es de un mérito tan grande ante Dios, que entregar todos nuestros bienes a los pobres, o gastar toda nuestra vida en el ejercicio de toda clase de austeridades, no puede igualar el mérito de este trabajo."

Este mérito de trabajar en la viña del Señor es algo mucho mayor que hacer milagros. Ser empleado en esta bendita labor es incluso más agradable a la Divina Majestad que sufrir el martirio". Si, pues, en opinión de los Padres de la Iglesia y de todos los santos, no puede haber mayor honor ni mayor mérito que el de trabajar por la salvación de las almas, debemos decir también que no puede haber obra de misericordia corporal más honorable y más meritoria que la de prestar ayuda caritativa a los pastores de almas, a los sacerdotes misioneros y a las personas consagradas a Dios. A los que prestan esta ayuda pueden aplicarse las palabras del profeta: "Brillarán como estrellas por toda la eternidad". "La caridad que otorgáis", dice Aristóteles (Lib. I. Ethic, c. 3), "será tanto más divina cuanto más tienda al bien común". Pero ¿qué clase de caridad tiende más al bien común que la que se otorga a los obreros apostólicos que dedican su vida exclusivamente a trabajar por la salvación de las almas? Ahora bien, esta caridad es divina en grado eminentísimo, y por consiguiente hace divinos a todos los que la otorgan. Brillarán, sin duda, como las estrellas, más aún, como el sol,

El sacerdote católico es el vicegerente de Dios; ¡imposible concebir un mérito más alto!

El sacerdote católico es el tesorero de Dios; ¡imposible para vosotros concebir un mayor benefactor de la humanidad, un hombre más digno de vuestro amor y veneración, de vuestra caridad y liberalidad!

Que vosotros, pues, mis amados hermanos, recibáis siempre al sacerdote como los gálatas recibieron al apóstol San Pablo. "No me despreciasteis -escribe este gran Apóstol a los Gálatas-, no me rechazasteis, sino que me recibisteis como a un ángel de Dios, como a Cristo Jesús. Os doy testimonio de que, si pudiera hacerse, os habríais arrancado los ojos y me los habríais dado a mí." (Cap. iv. 14, 15.)